公路网络灾后恢复决策优化技术

李兆隆 ◎ 著

电子工业出版社

Publishing House of Electronics Industry

北京·BEIJING

内 容 简 介

重大灾害后的公路网络恢复往往需要分阶段进行，每个阶段都要根据资金、资源、任务紧迫性、恢复目标的限制，同时考虑公路网络用户的出行选择行为、恢复工程的不确定性，然后确定需要优先恢复的关键路段及其恢复时序，以便取得最佳的恢复效果。这一决策过程极其复杂，难度巨大。

本书将弹复性工程和网络优化的理论方法相结合，提出基于弹复性的网络恢复选择与排程集成问题优化方法，用以解决网络恢复问题。在上述优化方法的基础上，分别提出基于弹复性的公路网络应急恢复阶段决策优化方法和基于弹复性的公路网络全面恢复阶段决策优化方法，解决公路网络灾后恢复不同阶段面临的恢复决策问题，为决策者提供科学的决策依据。

本书可供从事公路网络灾后恢复决策的建模分析、规划设计等方面工作，以及交通系统、物流系统、应急管理等相关领域的技术人员、大专院校师生学习与参考。

未经许可，不得以任何方式复制或抄袭本书之部分或全部内容。
版权所有，侵权必究。

图书在版编目（CIP）数据

公路网络灾后恢复决策优化技术 / 李兆隆著. —北京：电子工业出版社，2021.5

ISBN 978-7-121-41078-9

Ⅰ.①公… Ⅱ.①李… Ⅲ.①自然灾害—灾区—公路网—重建—系统决策 Ⅳ.①U491

中国版本图书馆 CIP 数据核字（2021）第 075754 号

责任编辑：刘志红（lzhmails@phei.com.cn）　　　　特约编辑：李　姣
印　　刷：三河市鑫金马印装有限公司
装　　订：三河市鑫金马印装有限公司
出版发行：电子工业出版社
　　　　　北京市海淀区万寿路 173 信箱　邮编　100036
开　　本：720×1 000　1/16　印张：14　字数：179 千字
版　　次：2021 年 5 月第 1 版
印　　次：2021 年 5 月第 1 次印刷
定　　价：118.00 元

凡所购买电子工业出版社图书有缺损问题，请向购买书店调换。若书店售缺，请与本社发行部联系，联系及邮购电话：（010）88254888，88258888。
质量投诉请发邮件至 zlts@phei.com.cn，盗版侵权举报请发邮件至 dbqq@phei.com.cn。
本书咨询联系方式：（010）88254479，lzhmails@phei.com.cn。

PREFACE
前言

公路网络与社会和公众联系紧密，对于区域内的交通活动至关重要，具有不可替代性。近年来，重大灾害事故频发，在给受灾地区造成重大人员伤亡和财产损失的同时，也造成当地的公路网络等基础设施损毁严重等后果。损毁的公路网络除了无法保障正常的社会运行和经济活动，更重要的是也无法及时满足救灾和灾后重建的需要。因此需要对损毁的公路网络进行及时修复。重大灾害后的公路网络恢复往往需要分阶段进行，每个阶段都要考虑资金、资源、任务紧迫性、恢复目标的限制，同时还要考虑公路网络用户的出行选择行为、恢复工程的不确定性，然后确定需要优先恢复的关键路段及其恢复时序，以便取得最佳的恢复效果。这一决策过程极其复杂，难度巨大。为了解决上述难题，本书进行了基于弹复性的公路网络灾后恢复决策优化研究。

本书中将弹复性工程和网络优化的理论方法相结合，用以解决网络恢复问题，提出的基于弹复性的网络恢复选择与排程集成问题优化方法，有利于促进尚处于研究初级阶段的选择与排程集成问题得到系统深入的研究。在上述优化方法的基础上，分别提出基于弹复性的公路网络应急恢复阶段决策优化方法和基于弹复性的公路网络全面恢复阶段决策优化方法，解决公路网络灾后恢复不同阶段面临的恢复决策问题，丰富了公路网络灾后恢复研究，并且为决策者提供了科学的决策依据。本书的主要研究内容包括以下几方面。

（1）基于弹复性的网络恢复选择与排程集成问题优化方法

提出未考虑公路网络各恢复阶段特点和用户选择行为的基于弹复性的网络恢复选择与排程集成问题优化方法。该方法包括：两个弹复性度量指标，分别从网络性能的恢复速度及恢复过程中网络性能的累计损失两方面来度量系统弹复性；基于弹复性的网络恢复选择与排程集成决策优化模型；求解该模型的遗传算法（Genetic Algorithm，GA）。通过一个算例分析展示该优化方法的可用性和有效性。

（2）基于弹复性的公路网络应急恢复阶段决策优化方法

将连通性作为公路网络应急恢复阶段重点恢复的性能指标，研究该阶段的公路网络恢复选择与排程集成问题。首先，给出应急恢复阶段公路网络连通性的度量方法。然后，在研究内容（1）的基础上，考虑应急恢复阶段可能存在的工期不确定性，分别针对确定性环境和随机环境，建立基于弹复性的公路网络应急恢复阶段决策双层优化模型。其中，将研究内容（1）中的优化模型的恢复目标改为公路网络应急恢复阶段恢复目标，作为上层模型，用来确定应急恢复阶段需要优先恢复的关键路段及其恢复时序，以便最大化公路网络弹复性；下层模型将公路网络用户在上层决策下的行为反应归结为一个带时间序列的用户均衡配流模型。之后，结合研究内容（1）中的 GA 算法和求解用户均衡配流问题的 Frank-Wolfe 算法，设计上述双层模型的求解算法。最后，通过某区域货运道路网络来验证本模型和算法的有效性，并分析了不同资源、资金、通行时间容忍系数、决策者偏好约束对恢复决策的影响，为决策者提供应急恢复阶段公路网络恢复的决策建议和管理启示。

（3）基于弹复性的公路网络全面恢复阶段决策优化方法

将路网容量作为公路网络全面恢复阶段重点恢复的性能指标，研究该阶段的公路网络恢复选择与排程集成问题。首先，给出全面恢复阶段公路网络路网容量的度量方法。然后，在研究内容（1）的基础上，建立基于弹复性的公路网络全面恢复阶段决策三层优化模型。其中，将研究内容（1）中的优化模型的恢复目标改为公路网络全面恢复阶段恢复目标，作为上层模型，用来确定全面恢复阶段需要优先恢复的关键路段及其恢复时序，以便最大化公路网络弹复性；中层和下层模型合起来是一个带时间序列的路网容量双层优化模型，其中，中层模型求解上层决策下的路网容量恢复情况，下层模型将公路网络用户在上层和中层决策下的行为反应归结为一个带时间序列的均衡出行分布和交通配流组合模型。之后，结合研究内容（1）中的 GA 算法、一种一维搜索的启发式算法、求解均衡出行分布和交通配流组合模型的凸组合算法，设计上述三层模型的求解算法。最后，通过某区域货运道路网络来验证本章模型和算法的有效性，并分析了不同资源、资金、路网容量恢复目标、公路网络平均通行时间容忍系数对恢复决策的影响，选择与排程集成优化的必要性和重要性，为决策者提供全面恢复阶段公路网络恢复的决策建议和管理启示。

本书可供从事公路网络灾后恢复决策的建模分析、规划设计等方面工作，以及交通系统、物流系统、应急管理等相关领域的技术人员、大专院校师生学习与参考。由于作者水平有限，本书难免存在不妥之处，敬请广大读者批评指正。

李兆隆

2021 年 1 月

目录

第 1 章　绪论

1.1　研究背景与意义 / 002

　　1.1.1　研究背景 / 002

　　1.1.2　研究意义 / 006

1.2　研究内容与思路 / 007

　　1.2.1　研究内容 / 007

　　1.2.2　研究思路 / 009

　　1.2.3　本书篇章结构 / 011

第 2 章　国内外相关工作研究进展

2.1　弹复性及相关研究 / 016

　　2.1.1　弹复性的概念 / 016

2.1.2　交通领域中的弹复性度量 / 017

2.1.3　交通领域中的弹复性优化 / 021

2.1.4　相关研究 / 022

2.2　网络恢复决策优化问题研究 / 025

2.2.1　选择问题 / 025

2.2.2　排程问题 / 030

2.2.3　选择与排程集成问题 / 035

2.3　交通优化问题中的双层规划 / 037

2.4　交通优化问题中的用户选择行为分析 / 040

2.4.1　交通流分配问题及用户均衡的概念 / 040

2.4.2　用户均衡配流问题 / 042

2.4.3　均衡出行分布和交通配流组合问题 / 044

2.5　国内外相关研究小结 / 047

第❸章　基于弹复性的公路网络灾后恢复决策优化问题分析

3.1　公路网络灾后恢复决策优化问题界定 / 052

3.1.1　研究对象 / 052

3.1.2　灾后恢复阶段划分 / 053

3.1.3　问题界定 / 054

3.2　决策难点分析 / 054

3.2.1　度量恢复效果 / 055

3.2.2　网络恢复选择与排程集成决策 / 055

3.2.3　刻画各恢复阶段特点 / 056

目 录

   3.3   公路网络灾后恢复决策优化问题的解决过程分析 / 056

   3.4   本章小结 / 058

第 4 章　基于弹复性的网络恢复选择与排程集成问题优化方法

   4.1   问题分析 / 062

   4.2   符号说明和模型假设 / 065

        4.2.1 符号说明 / 065

        4.2.2 模型假设 / 066

   4.3   弹复性度量 / 067

        4.3.1 恢复速度弹复性 / 069

        4.3.2 累计损失弹复性 / 070

   4.4   基于弹复性的网络恢复选择与排程集成决策优化模型 / 071

   4.5   模型分析 / 073

        4.5.1 模型中的选择问题 / 073

        4.5.2 模型中的排程问题 / 074

        4.5.3 模型的拓展性 / 074

   4.6   求解算法 / 075

        4.6.1 算法总流程 / 075

        4.6.2 算法关键步骤说明 / 078

   4.7   算例分析 / 083

        4.7.1 实验设计及参数设置 / 084

        4.7.2 实验结果 / 088

        4.7.3 模型算法有效性分析 / 089

4.8　本章小结　/　092

第5章　基于弹复性的公路网络应急恢复阶段决策优化方法

5.1　问题分析　/　096
5.2　符号说明和模型假设　/　098
　　5.2.1　符号说明　/　098
　　5.2.2　模型假设　/　100
5.3　公路网络连通性度量　/　101
5.4　基于弹复性的公路网络应急恢复阶段决策优化模型　/　102
　　5.4.1　模型总体架构　/　102
　　5.4.2　确定性模型　/　103
　　5.4.3　随机模型　/　106
5.5　求解算法　/　107
　　5.5.1　上层模型求解算法　/　107
　　5.5.2　下层模型求解算法　/　110
　　5.5.3　总模型求解算法　/　111
5.6　案例分析　/　114
　　5.6.1　实验设计及参数设置　/　114
　　5.6.2　实验结果　/　119
　　5.6.3　模型算法有效性分析　/　132
　　5.6.4　管理启示　/　135
5.7　本章小结　/　136

目 录

第 6 章　基于弹复性的公路网络全面恢复阶段决策优化方法

6.1　问题分析 / 140

6.2　符号说明和模型假设 / 142

　　6.2.1　符号说明 / 142

　　6.2.2　模型假设 / 145

6.3　公路网络路网容量度量 / 146

6.4　基于弹复性的公路网络全面恢复阶段决策优化模型 / 148

　　6.4.1　模型总体架构 / 148

　　6.4.2　三层优化模型 / 149

6.5　求解算法 / 153

　　6.5.1　上层模型求解算法 / 154

　　6.5.2　中层模型求解算法 / 155

　　6.5.3　下层模型求解算法 / 156

　　6.5.4　总模型求解算法 / 156

6.6　案例分析 / 159

　　6.6.1　实验设计及参数设置 / 159

　　6.6.2　实验结果 / 162

　　6.6.3　模型算法有效性分析 / 168

　　6.6.4　选择与排程集成优化必要性分析 / 171

　　6.6.5　管理启示 / 172

6.7　本章小结 / 173

第 7 章　结论与展望

7.1　结论 / 176

7.2　展望 / 179

附录 A　算法实现与程序设计 / 181

参考文献 / 191

第 1 章

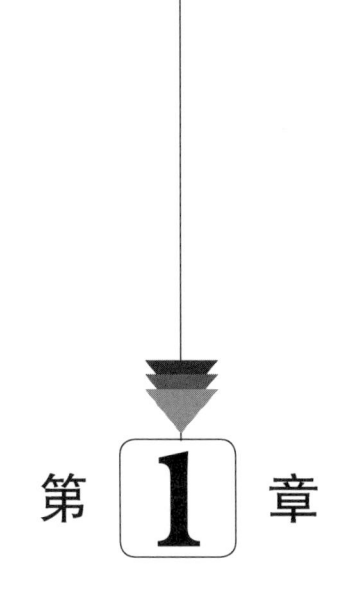

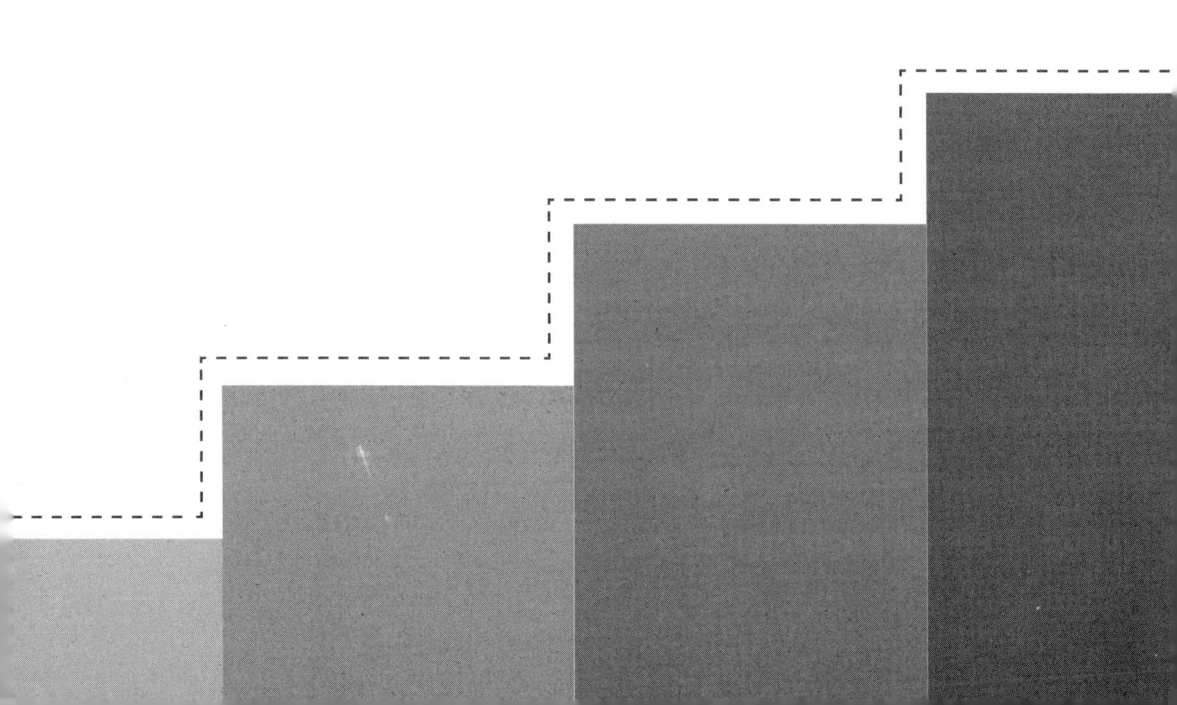

绪 论

1.1 研究背景与意义

1.1.1 研究背景

交通网络是重要的基础设施网络之一，对社会和经济的发展至关重要。2018年，中国交通运输系统完成营业性客运量 179.38 亿人，旅客周转量 34217.43 亿人千米，营业性货运量 506.29 亿吨，货物周转量 199385.00 亿吨千米；2018年年末，全国铁路营业里程达到 13.1 万千米，公路总里程 484.65 万千米，内河航道通航里程 12.71 万千米。2016 年，美国交通运输系统对 GDP 的贡献达到 8.9%，共完成旅客周转量 57278.37 亿人英里（1 英里=1609.344 米），货运量 176.86 亿吨（价值超过 181420 亿美元）；年末铁路里程达到 13.85 万英里，公路总里程 414.01 万英里，内河航道通航里程 2.5 万英里。交通网络构成了国家和地区之间及国家内部社会运行和经济活动的支柱，社会运行和经济活动所需要的一切人、财、物的流动，均离不开有效的交通网络服务。

表 1.1 2018 年全国交通运输量明细

交通分类	客运量（亿人） 数量	占比	旅客周转量（亿人千米） 数量	占比	货运量（亿吨） 数量	占比	货物周转量（亿吨千米） 数量	占比
公路	136.72	76.22%	9279.68	27.12%	395.69	78.16%	71249.21	35.73%
铁路	33.75	18.81%	14146.58	41.35%	40.26	7.95%	28820.55	14.46%
水路	2.80	1.56%	79.57	0.23%	70.27	13.88%	99052.82	49.68%
民航	6.12	3.41%	10711.59	31.30%	0.07	0.01%	262.42	0.13%
合计	179.39	100%	34217.42	100%	506.29	100%	199385.00	100%

在各种不同的交通网络中，公路网络与社会日常运行联系最为紧密。表 1.1 列出了 2018 年全国交通运输量分类明细。由此可以看到，公路网络完成的客运量和货运量占 2018 年度总客运量和总货运量的绝大部分，比例分别高达 76.22% 和 78.16%；公路网络完成的旅客周转量和货物周转量也分别占 2018 年度总旅客周转量和总货物周转量的 27.12% 和 35.73%。旅客周转量表示运送旅客人数与运送距离的乘积，货物周转量表示运送货物吨数与运送距离的乘积。在公路网络客运量和货运量占比最高的情况下，旅客周转量和货物周转量并不是占比最高，这说明公路网络服务的特点是频次高、密度大，使用人数众多，相比于其他交通网络，以短距离为主。因此，公路网络与社会和公众的联系最为紧密，对于区域内的交通活动至关重要，具有不可替代性。

2001 年的"9·11"恐怖袭击事件，2004 年的印度洋海啸，2005 年的美国卡特里娜飓风，2008 年的中国南方雪灾和汶川地震，2010 年的海地地震和智利地震，2011 年日本地震及地震引发的海啸，欧洲发生的多起恐怖袭击，等等，这一系列重大自然灾害、意外事故和恐怖袭击的频繁发生，在给受灾地区造成重大人员伤亡和财产损失的同时，也导致当地的公路网络等基础设施损毁严重。损毁的公路网络除了无法保障正常社会运行和经济活动，更无法及时满足救灾和灾后重建的需要。在很多受灾地区，公路运输是疏散灾区群众、输送救灾物资、受灾地区灾后重建等活动赖以顺利进行的重要（甚至是唯一的）交通方式。因此，考虑到重大灾害事故难以杜绝，以及公路网络的重要性，如何制定有效的公路网络灾后恢复决策就显得尤为重要和迫切。

重大灾害的灾后恢复工作是一项长期、复杂的系统工程。受资金、资源、技术手段等多方面因素的制约，恢复工作往往需要分阶段进行，不同阶段在恢复对象、时间、成本、目标等方面都有不同的特征，这使得重大灾害后的公路网络恢复决策具有以下三个特点。

（1）多阶段

在不同的阶段，优先考虑的恢复目标可能不同。例如，在恢复初期的应急恢复阶段，决策者优先考虑的应该是恢复公路网络的连通性，以保障后续救援和重建工作的顺利进行；而在应急恢复阶段结束后的全面恢复阶段，决策者则需要考虑如何更好地恢复公路网络的整体性能和服务水平。在各阶段，任务的紧迫性、可以利用的资金和资源等现实情况也都不尽相同。

（2）路段选择

重大灾害往往会导致多条路段受损，在每个恢复阶段，受当前阶段预算、任务紧迫性和恢复目标的限制，无法立刻恢复所有受损路段。因此，决策者需要在受损路段集合中选择需要在该阶段恢复的关键路段。

（3）维修排程

在每个阶段，受当前可用资源的限制（例如，负责维修的工程队、工程设备设施等数量有限），无法做到同时开工恢复所有该阶段需要恢复的关键路段。因此，决策者需要根据恢复目标、可用资源等确定路段的维修时序。

多阶段使得决策者需要根据每个阶段的特点（如该阶段优先考虑的恢复目标、任务的紧迫性、可以利用的资金和资源等）制定该阶段的针对性恢复决策。路段选择和维修排程使决策者在制定每个阶段的恢复决策时，需要同时解决路段选择问题和维修排程问题。公路网络内在的特点使制定恢复决策时还要考虑以下两个问题。

(1) 考虑恢复过程

作为重要的基础设施网络之一，公路网络在恢复过程中仍需要持续向社会提供服务，除了最终的恢复结果，公众还关心恢复过程中公路网络的服务效果。从服务受灾地区整体灾后恢复工作的角度出发，恢复过程的服务效果如何显得更为重要。因此，决策者还应当考虑恢复决策对应的恢复过程本身效果。在这方面，弹复性研究可以提供有效的理论支撑。

(2) 预测恢复决策下公路网络上用户的出行行为

作为公路网络上交通流的构成主体，人具有主观能动性和自适应性，会自主选择路径和目的地以便最大化自己的效用。这是公路网络等交通网络与其他供电、供水、通信等基础设施网络很大的一个区别。因此，在制定恢复决策时，需要充分考虑网络用户对决策的反应。为解决这一问题，关于交通网络的优化研究通常采用双层模型，上层模型确定网络优化决策，下层模型研究用户在上层决策下的出行行为选择。

综合考虑上述所有问题，能够提高公路网络灾后恢复决策的合理性和有效性，但也大大增加了决策难度。因此，在实践中，传统的决策方法是先单独确定路段选择决策，再根据选择的结果确定维修排程决策。过去的研究也是将选择问题和排程问题分开，作为单独的两个问题进行研究。但这么决策可能会存在缺陷，因为选择问题和排程问题关注的重点不一样，甚至有时候会互相矛盾，例如，选择问题关注成本控制，而排程问题关注恢复的速度。而且，选择决策关注的仅仅是最终网络结构及该结构的性能，并没有考虑该决策对应的排程决策的恢复过程效果，某些对恢复过程更优的方案可能在选择决策时已经被排除掉了。因此，迫切需要对公路网络灾后恢复决策优化问题，即各阶段的恢复选择与排程集成问题展开深入研究，为重大灾害的灾后公路网络恢复工作提供决策支持。

1.1.2 研究意义

1. 理论意义

在理论研究层面，公路网络灾后决策优化问题是一个极具意义和挑战性的研究，需要同时解决路段选择问题和排程问题，恢复决策既要考虑恢复过程的效果，还要考虑公路网络上用户的出行行为。因此，本研究具有以下理论意义：

（1）将弹复性工程和网络优化的理论方法相结合，从优化弹复性的角度对网络恢复问题进行了有益的探索，既拓宽了弹复性研究的领域，又开拓了解决网络恢复和网络优化问题的新思路，有利于促进相关学科的相互交叉和渗透。

（2）提出的基于弹复性的网络恢复选择与排程集成问题优化方法，具有良好的拓展性，适用于各种基础设施的恢复问题研究，有利于系统深入地研究选择与排程集成问题，促进尚处于研究初级阶段的问题得到快速发展。

（3）以上述优化方法为基础，紧扣应急恢复阶段和全面恢复阶段的特点，充分考虑公路网络用户出行行为，分别提出基于弹复性的公路网络应急恢复阶段决策优化方法和基于弹复性的公路网络全面恢复阶段决策优化方法，共同解决公路网络灾后恢复全过程的决策优化问题，弥补了传统交通网络恢复决策研究无法有效解决灾后各阶段恢复决策优化问题的不足，丰富了公路网络灾后恢复研究。

2. 实际应用价值

在实际应用层面，公路网络使用人数众多，与社会日常运行联系紧密。公路网络的灾后恢复决策不仅影响普通用户的日常出行，更影响整个受灾地区的重建工作。因此，本书中研究具有以下现实意义。

（1）帮助决策者能够充分考虑不同恢复阶段的恢复目标、可用资源和资金、恢复过程的不确定性等现实情况，然后根据这些现实情况确定最佳的待恢复路段组合及这部分路段的恢复时序，为决策者提供科学的决策依据。

（2）在现实决策中，决策者往往还需要考虑恢复目标设置是否合理，资金、资源的配置是否合理等问题，这些问题仅凭经验往往无法合理判断，因此，本研究为决策者检查这些指标间的相互关系，以及检查它们的合理性和有效性提供了一种有效的方法。

1.2 研究内容与思路

1.2.1 研究内容

本书以弹复性作为恢复决策的效果评价指标，将公路网络灾后恢复决策优化问题归结为一个弹复性优化问题，进行了系统深入的研究。本书采用循序渐进的方法，将研究分为三个部分，具体内容如下。

（1）基于弹复性的网络恢复选择与排程集成问题优化方法。对交通系统的研究往往会首先把它抽象成为一个无向的或有向的网络拓扑结构图，因此第一部分研究先提出未考虑公路网络各恢复阶段特点和用户选择行为的基于弹复性的网络恢复选择与排程集成问题优化方法。该方法包括：两个弹复性度量指标，分别从网络性能的恢复速度以及恢复过程中网络性能的累计损失两方面来度量系统弹复性；基于弹复性的网络恢复选择与排程集成决策优化模型；求解该模型的遗传算法（Genetic Algorithm，GA）。并通过一个算例分析展示该优化方法的可用性和有效性。

（2）基于弹复性的公路网络应急恢复阶段决策优化方法。将连通性作为公路网络应急恢复阶段重点恢复的性能指标，研究该阶段的公路网络恢复选择与排程集成问题。首先，给出应急恢复阶段公路网络连通性的度量方法。然后，在研究内容（1）的基础上，考虑应急恢复阶段可能存在的工期不确定性，分别针对确定性环境和随机环境，建立基于弹复性的公路网络应急恢复阶段决策双层优化模型。其中，将研究内容（1）中的优化模型的恢复目标改为公路网络应急恢复阶段恢复目标，作为上层模型，用来确定应急恢复阶段需要优先恢复的关键路段及其恢复时序，以便最大化公路网络弹复性；下层模型将公路网络用户在上层决策下的行为反应归结为一个带时间序列的用户均衡配流模型。之后，结合求解用户均衡配流问题的 Frank-Wolfe 算法和研究内容（1）中的 GA 算法，设计上述双层模型的求解算法。最后，通过某区域货运道路网络来验证本章模型和算法的有效性，并分析了不同资源、资金、通行时间容忍系数、决策者偏好约束对恢复决策的影响，为决策者提供应急恢复阶段公路网络恢复的决策建议和管理启示。

（3）基于弹复性的公路网络全面恢复阶段决策优化方法。将路网容量作为公路网络全面恢复阶段重点恢复的性能指标，研究该阶段的公路网络恢复

绪论 | 第 1 章

选择与排程集成问题。首先，给出全面恢复阶段公路网络路网容量的度量方法。然后，在研究内容（1）的基础上，建立基于弹复性的公路网络全面恢复阶段决策三层优化模型。其中，将研究内容（1）中的优化模型的恢复目标改为公路网络全面恢复阶段恢复目标，作为上层模型，用来确定全面恢复阶段需要优先恢复的关键路段及其恢复时序，以便最大化公路网络弹复性；中层和下层模型合起来是一个带时间序列的路网容量双层优化模型，其中，中层模型求解上层决策下的路网容量恢复情况，下层模型将公路网络用户在上层和中层决策下的行为反应归结为一个带时间序列的均衡出行分布和交通配流组合模型。之后，结合一种一维搜索的启发式算法、求解均衡出行分布和交通配流组合模型的凸组合算法、研究内容（1）中的GA算法，设计上述三层模型的求解算法。最后，通过某区域货运道路网络来验证本章模型和算法的有效性，并分析了不同资源、资金、路网容量恢复目标、公路网络平均通行时间容忍系数对恢复决策的影响，选择与排程集成优化的必要性和重要性，为决策者提供全面恢复阶段公路网络恢复的决策建议和管理启示。

1.2.2 研究思路

本书的核心思想是通过优化公路网络的弹复性，得到最佳的公路网络灾后恢复选择与排程集成决策，以便取得最佳的恢复效果。采用提出问题—分析问题—解决问题—方法验证的研究思路，技术路线如图1.1所示。首先，通过文献调研和案例调研，提出公路网络灾后恢复决策优化问题。然后，根据系统工程的思想分析解决问题的关键点，这些关键点分别是度量恢复效果、

009

公路网络灾后恢复决策优化技术

研究内容	研究方法

提出问题

基于弹复性的公路网络灾后恢复决策优化研究
- 多阶段
- 选择决策
- 排程决策
- 考虑恢复过程
- 预测恢复决策下公路网络上用户的出行行为

← ·文献调研 ·案例调研

分析问题

基于弹复性的公路网络灾后恢复决策优化问题分析

问题界定 — 决策难点：
- 度量恢复效果
- 恢复选择与排程集成决策
- 刻画各恢复阶段特点

解决思路：
- 基于弹复性的网络恢复选择与排程集成问题优化方法
- 基于弹复性的公路网络应急恢复阶段决策优化方法
- 基于弹复性的公路网络全面恢复阶段决策优化方法

← ·系统工程理论

解决问题

基于弹复性的网络恢复选择与排程集成问题优化方法

- 问题描述：选择与排程集成决策 ✚ 弹复性优化
- 弹复性度量：恢复速度弹复性 ✚ 累计损失弹复性
- 模型建立：基于弹复性的网络恢复选择与排程集成决策优化模型
  - 最大化恢复速度弹复性
  - 最大化累计损失弹复性
- 求解算法：GA算法

← ·弹复性理论 ·图论 ·网络优化 ·优化建模 ·并行机调度问题 ·GA算法

基于弹复性的公路网络应急恢复阶段决策优化方法
- 问题描述：
  - 选择与排程集成决策
  - 弹复性优化
  - 公路网络连通性
  - 用户的路径选择行为
  - 环境的不确定性
- 模型建立：双层优化模型
  - 上层：基于弹复性的网络恢复选择与排程集成决策优化模型
  - 下层：带时间序列的用户均衡配流模型
- 求解算法：
  - GA算法
  - Frank-Wolfe算法

基于弹复性的公路网络全面恢复阶段决策优化方法
- 问题描述：
  - 选择与排程集成决策
  - 弹复性优化
  - 公路网络路网容量
  - 用户的出行目的地选择行为和路径选择行为
- 模型建立：三层优化模型
  - 上层：基于弹复性的网络恢复选择与排程集成决策优化模型
  - 中层：带时间序列的路网容量优化模型
  - 下层：带时间序列的均衡出行分布和交通配流组合模型
- 求解算法：
  - GA算法
  - 一维搜索启发式算法
  - 凸组合算法

← ·路网容量优化 ·均衡出行分布和交通配流组合分析 ·一维搜索方法 ·凸组合算法

← ·随机优化 ·用户均衡配流 ·蒙特卡洛模拟 ·Frank-Wolfe算法

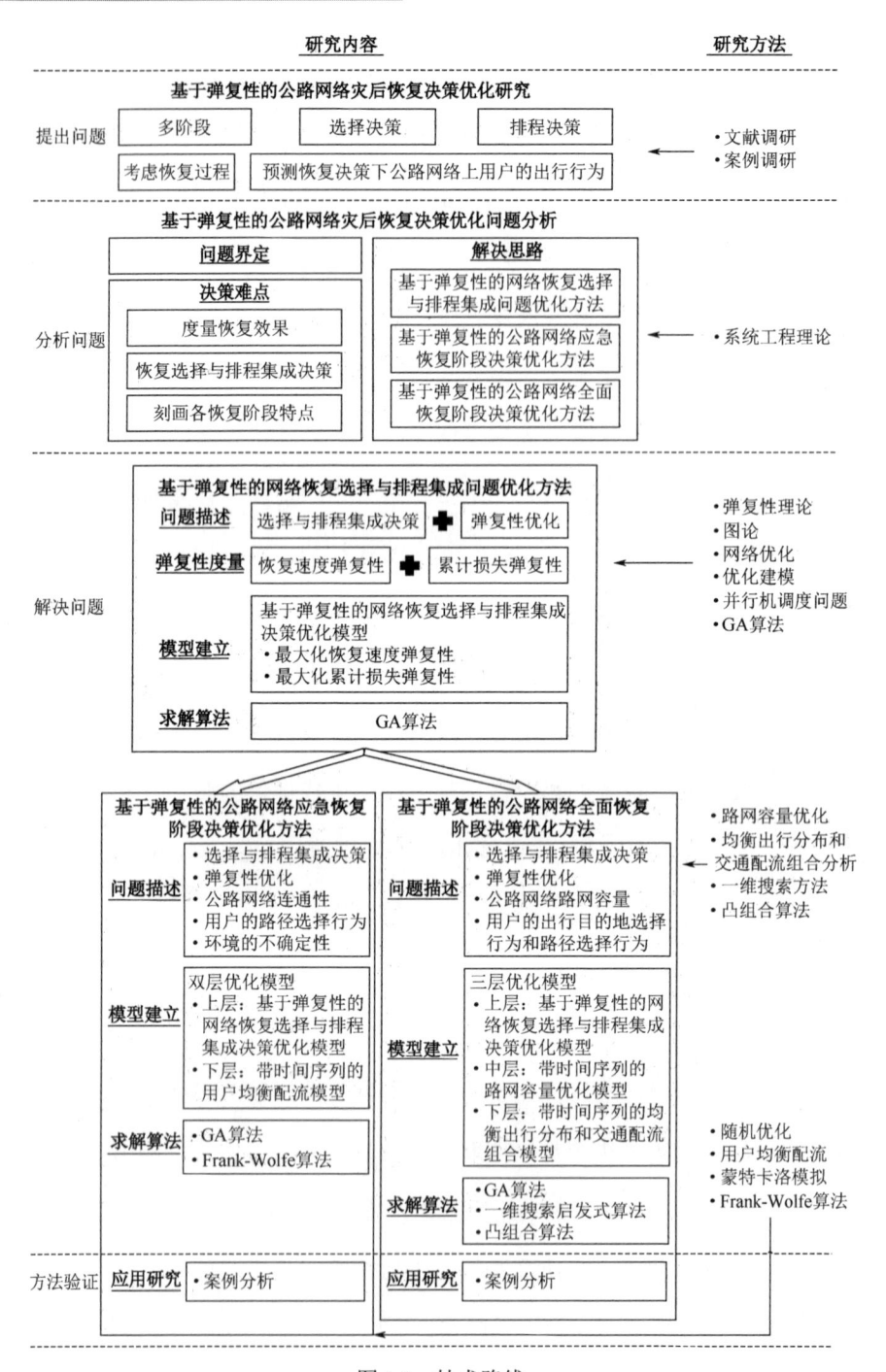

方法验证

应用研究：案例分析 | 应用研究：案例分析

图 1.1　技术路线

010

恢复选择与排程集成决策、刻画各恢复阶段特点，并由此给出问题解决思路。在解决问题阶段，遵循先易后难的原则，基于弹复性工程、优化建模、图论、网络优化、并行机调度问题、GA 算法等理论方法，提出未考虑公路网络各恢复阶段特点和用户出行行为的基于弹复性的网络恢复选择与排程集成问题优化方法。之后，基于用户均衡配流、随机优化、蒙特卡洛模拟、Frank-Wolfe 算法等理论方法，将基于弹复性的网络恢复选择与排程集成决策优化模型拓展为基于弹复性的公路网络应急恢复阶段决策优化模型，设计求解算法，并通过案例验证模型和算法的有效性，解决应急恢复阶段的公路网络恢复决策优化问题。最后，基于均衡出行分布和交通配流组合分析、路网容量优化、一维搜索方法、凸组合算法等理论方法，将基于弹复性的网络恢复选择与排程集成决策优化模型拓展为基于弹复性的公路网络全面恢复阶段决策优化模型，设计求解算法，并通过案例验证模型和算法的有效性，解决全面恢复阶段的公路网络恢复决策优化问题。

1.2.3 本书篇章结构

根据上述研究内容和技术路线，本书的篇章结构如图 1.2 所示。

第 1 章：绪论。介绍研究背景，提出研究问题，在此基础上明确研究意义、主要研究内容和技术路线。

第 2 章：国内外相关工作研究进展。围绕以下两个方面对国内外现有研究进展进行综述：一是弹复性以及与弹复性相关的研究；二是网络恢复决策优化问题的研究。另外，还介绍了双层规划、交通网络用户行为分析等一些本书用到的理论、建模和求解方法。

第 3 章：基于弹复性的公路网络灾后恢复决策优化问题分析。对本书研究问题进行界定，分析该决策优化问题中的难点，并给出问题解决思路。

```
提出问题
  ├─ 第1章 绪论
  │    · 研究背景与意义
  │    · 研究内容与思路
  └─ 第2章 国内外相关工作研究进展
       · 相关研究进展
       · 相关理论方法

分析问题
  └─ 第3章 基于弹复性的公路网络灾后恢复决策优化问题分析
       · 问题界定
       · 决策难点
       · 问题解决过程分析

解决问题与方法验证
  ├─ 第4章 基于弹复性的网络恢复选择与排程集成问题优化方法
  │    · 问题分析
  │    · 弹复性度量
  │    · 基于弹复性的网络恢复选择与排程集成决策优化模型
  │    · 模型分析
  │    · 算法设计
  │    · 算例分析
  ├─ 第5章 基于弹复性的公路网络应急恢复阶段决策优化方法
  │    · 问题分析
  │    · 连通性度量
  │    · 基于弹复性的公路网络应急恢复阶段决策优化模型
  │    · 算法设计
  │    · 案例分析
  └─ 第6章 基于弹复性的公路网络全面恢复阶段决策优化方法
       · 问题分析
       · 路网容量度量
       · 基于弹复性的公路网络全面恢复阶段决策优化模型
       · 算法设计
       · 案例分析

全文总结
  └─ 第7章 结论与展望
       · 结论
       · 创新点
       · 展望
```

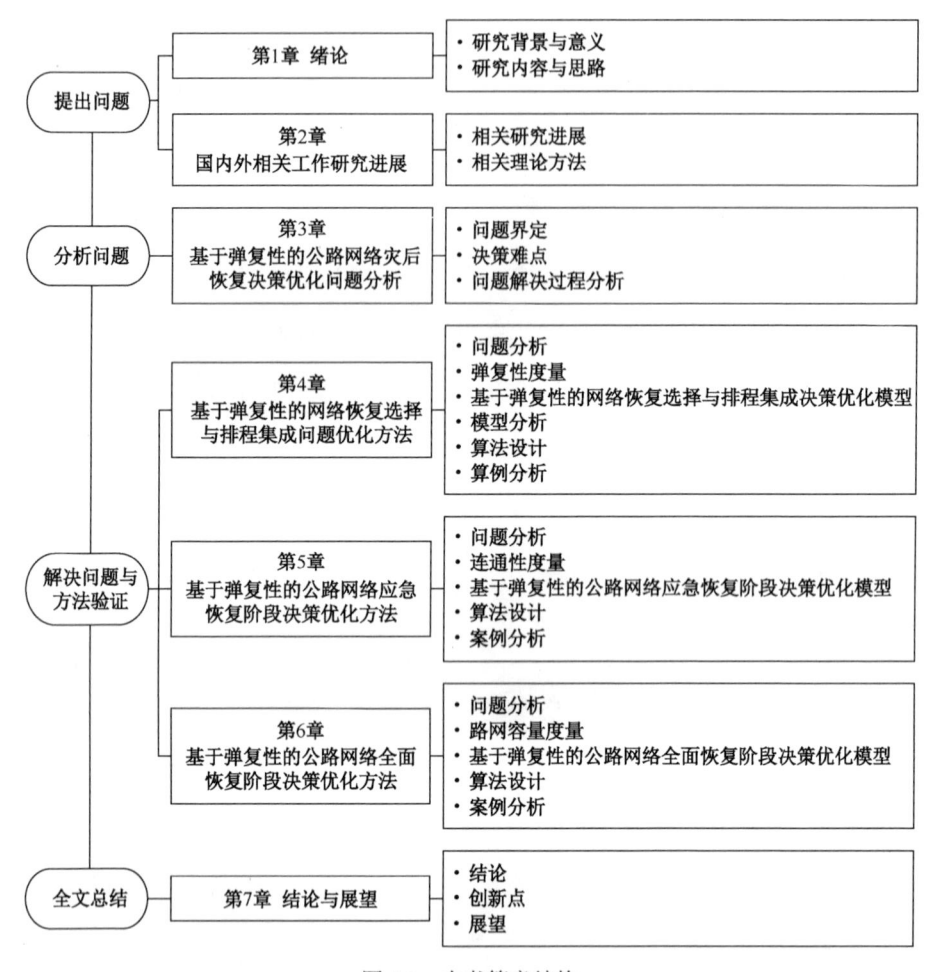

图 1.2　本书篇章结构

第 4 章：基于弹复性的网络恢复选择与排程集成问题优化方法。提出两个弹复性度量指标，分别从网络性能的恢复速度及恢复过程中网络性能的累计损失两方面来度量系统弹复性。建立基于弹复性的网络恢复选择与排程集成决策优化模型，并设计求解算法。

第 5 章：基于弹复性的公路网络应急恢复阶段决策优化方法。将第 4 章的优化模型拓展为基于弹复性的公路网络应急恢复阶段决策双层优化模型，设计求解算法，并通过案例验证模型和算法的有效性，解决应急恢复阶段的公路网络恢复决策优化问题。

第 6 章：基于弹复性的公路网络全面恢复阶段决策优化方法。将第 4 章的优化模型拓展为基于弹复性的公路网络全面恢复阶段决策三层优化模型，设计求解算法，并通过案例验证模型和算法的有效性，解决全面恢复阶段的公路网络恢复决策优化问题。

第 7 章：结论与展望。总结研究工作和创新点，并对研究的局限性和未来的研究工作进行展望。

第 2 章

国内外相关工作研究进展

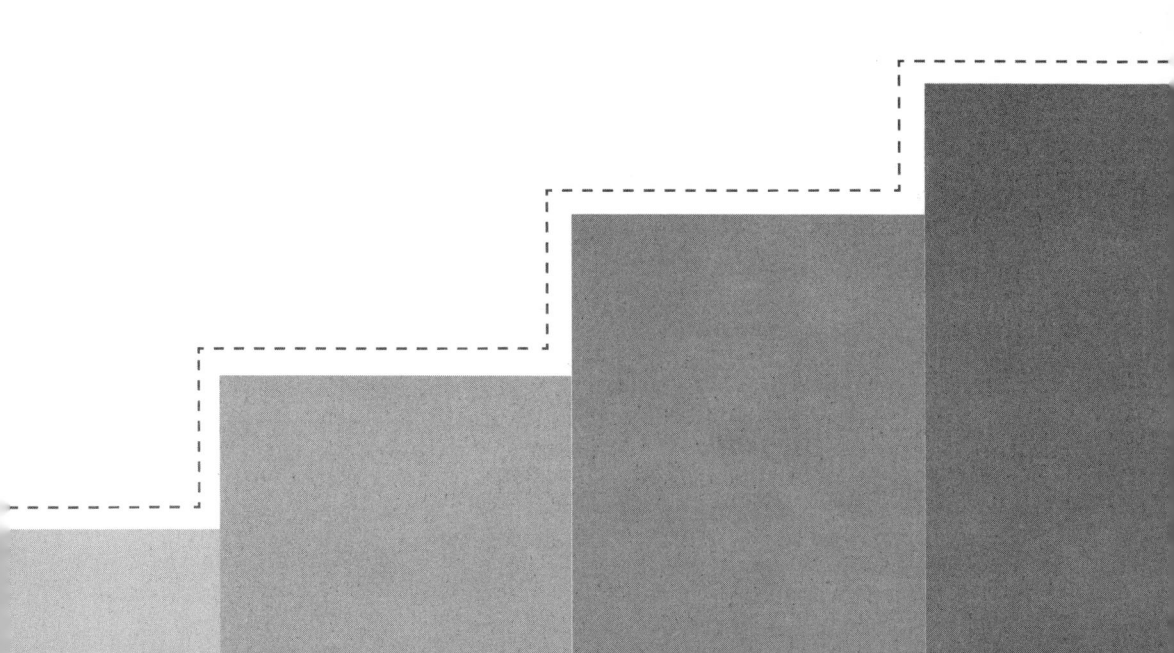

本书采用弹复性指标度量网络恢复效果，在此基础上研究公路网络灾后恢复决策优化问题。因此，本章将围绕以下两个方面对国内外现有研究进展进行综述：弹复性以及与弹复性相关的研究；网络恢复决策优化问题的研究。在研究中还使用了双层规划，并需要分析交通网络用户的选择行为，因此本章还介绍了上述理论的一些建模和求解方法。

2.1 弹复性及相关研究

2.1.1 弹复性的概念

弹复性（Resilience）一词源自拉丁语 Resilire，意思为往回跳、弹回。中文研究中有人也有将 Resilience 翻译为韧性、恢复力。弹复性在韦氏词典中有两种解释：第一种解释为变形后恢复其尺寸和形状的能力，尤指压缩应力引起的变形；第二种解释为从不幸或变化中恢复或适应的能力。弹复性的概念最早应用于机械力学研究。1973 年，Holling 将弹复性引入生态学研究，并与稳定性（Stability）加以区分，用来研究生态系统受到干扰或失去平衡时的行为特征。他首次在动态系统的研究中给出了弹复性的定义，即系统吸收扰动、持续生存的能力，并给出了弹复性度量指标，即吸引域的面积和吸引域最低点到均衡点的高度。随后，从生态学到心理学、社会学、经济学、管理学、工程学等，弹复性的概念被广泛应用于各领域的动态系统研究。进入 21 世纪后，一系列自然灾害和恐怖袭击的发生给人类社会带来了巨大的人员伤亡和财产损失，因此，弹复性逐渐成为研究复杂系统安全性及灾后恢复的新方法和热点，在交通网络、供电网络、供水网络、天然气网络、通信网络、互联网、供应链网络等关键基础设施领域得到广泛应用。

根据研究对象、目的、关注点和度量方法的不同，弹复性研究大致可以分为工程弹复性（Engineering Resilience）和生态弹复性（Ecological Resilience）两大类。工程弹复性多用于研究人工设计的系统，这类系统设计的初衷是以期望的效率可靠运行，以便带来稳定的生产率或提供稳定的服务，因此，工程弹复性"关注单一均衡稳定状态的稳定性，用对扰动的抵抗和恢复均衡状态的速度来度量"；而生态弹复性多用于研究生态系统，生态系统往往并不是只有单一均衡状态，远离平衡的不稳定力及状态之间的变化保证了系统的多样性和存续的机会，因此，生态弹复性"关注远离任何均衡稳定状态的情况，在这种情况下，不稳定性可能导致系统转变为另外一种行为模式，即进入另外一个稳定域"。工程弹复性和生态弹复性的区别见表2.1。

表2.1 工程弹复性和生态弹复性的区别

	研究对象	系统特点	研究目的	度量方法
工程弹复性	单一均衡状态的系统	恒定、可预测性	保证系统功能的效率	对扰动的抵抗和恢复均衡状态的速度
生态弹复性	多均衡状态的系统	变化、不可预测性	保证系统功能的存续	在系统改变控制行为的变量和进程从而改变自身结构前，能够被吸收的扰动强度

2.1.2 交通领域中的弹复性度量

受交通系统特点的影响，几乎所有关于交通领域弹复性的研究都是从工程弹复性的角度开展的。美国交通研究委员会的调查显示，在 1995 年之前，在交通领域基本未见关于弹复性的研究，直到"9·11"恐怖袭击之后，作为解决交通安全问题的一种新方法，对交通系统的弹复性研究才变得急迫并得到重视。在百度学术、谷歌学术等搜索引擎中用关键词交通（Transportation/Transport）和弹复性／韧性／恢复力（Resilience）搜索文献得到的结果也印证了这一结论。对交通网络弹复性的度量可以分为基于网络拓扑结构和基于系统活动两个方向。

1. 基于网络拓扑结构

在研究交通网络时可以将其表达为抽象的网络模型，因此部分学者从交通网络的拓扑结构入手来研究其弹复性。汪定伟等人认为交通网络的弹复性表示网络在故障、失效或被破坏之后的恢复能力，而易碎性（Friability）表示网络中边或者节点失效对系统的影响。当干扰发生时，城市间交通的恢复很大程度上取决于两城市之间是否还存在可替代的其他运输路线，所以他们用交通网络上节点和其他所有节点间独立路径的加权可靠度来度量该节点的弹复性，分析了中国大陆铁路运输网络的弹复性和易碎性。Reggiani 提出了一个一般性的理论框架，将网络弹复性的概念引入交通安全研究中，并进一步分析了网络连接结构和弹复性之间的关系，他认为交通网络越来越呈现出复杂网络的特性，所以度量和增强系统的弹复性，必须从分析系统的拓扑结构入手。Zhang 等人将交通网络运输量、连通性、紧密性三方面的指标作为弹复性度量指标，研究网络拓扑结构与交通系统应对灾祸能力的关系。通过在 17 种不同拓扑结构的网络上进行的数值实验，得到了诸如哪些网络拓扑特征能够提高网络弹复性、哪些会导致网络性能变差等有意义的结论。

2. 基于系统活动

交通网络的主要作用是承载社会经济运行所需的人员和物资的有效移动，单纯基于网络拓扑结构无法完全体现交通网络的特点和弹复性的内涵，所以大部分学者会选择从系统活动的角度入手研究交通网络弹复性。

Murray-Tuite 从适应性、安全系、机动性和恢复能力四个方面去度量弹复性，比较了系统最优配流和用户均衡配流两种模式下交通网络的弹复性，得出用户均衡配流模式下系统适应性和安全性更好，系统最优配流模式下机动性和恢复能力更好的结论。Zhang 等人用灾害发生后系统机动性、可达性、可靠性方面性能的下降程度来度量多式联运网络的弹复性，并用该指标分析了卡特里娜飓风后密西西比州墨西哥湾沿岸的恢复情况。Cox 等人采用 Rose 提出的直接静态经济弹复性（Direct Static Economic Resilience）来度量伦敦交通系统在 2005 年 7 月遭受恐怖袭击后的弹复性。直接静态经济弹复性度量指标表示实际产出减少百分比相较于最大潜在减少百分比的偏离程度。研究结果表明，在袭击发生后的 4 个月内，通过增加替代交通方式的运输量抵消了 77.4% 的受攻击交通方式上交通减少量。这也表示，在袭击发生后的 4 个月，伦敦交通系统的弹复性为 77.4%。Henry 和 Ramirez-Marquez 给出了以时间为自变量的弹复性度量指标，该指标表示给定时刻下系统性能的恢复量与系统性能初始最大损失量的比值。通过分析 Seervada 公园问题，展示了如何使用该弹复性度量方法来比较不同恢复策略的优劣。通过将系统元件的受损程度和恢复时间定义为随机变量，Baroud 等人和 Pant 等人将随机性引入 Henry 和

Ramirez-Marquez 构建的弹复性度量模型，提出了系统全部元件恢复时间、系统服务水平恢复时间、弹复性恢复时间这三个随机环境下系统弹复性的度量指标，并分别用这三个指标度量了密西西比河航运系统和卡图萨港的弹复性。Janic 提出了大规模破坏性事故下航空运输网络弹复性、易碎性和运行成本的度量模型，将弹复性定义为网络抵消破坏性事故影响的能力，并用网络中所有机场的弹复性的加权和来度量航空运输网络的弹复性。Noga 等人将弹复性分为扰动弹复性和恢复弹复性两个指标，根据交通网络的动态特性，提出一种动态的均衡受限配流模型，在此基础上度量交通网络的弹复性。Adjetey-Bahun 等人借鉴 Bruneau 等人对地震灾害下社区弹复性的研究，用旅客延迟和旅客运输量作为网络性能指标，提出大规模铁路运输系统弹复性的度量模型，并用该模型分析巴黎大规模铁路运输系统的弹复性。

上述弹复性的度量都是针对整体交通网络的，有些学者还研究了交通网络上一些重要节点内部的弹复性。例如，Faturech 等人将机场的跑道和滑行道视为一个简单的网络，用灾害发生后起飞和降落需求量的被满足程度的期望来度量和研究机场运行的弹复性。Shafieezadeh 和 Burden 提出了针对关键基础设施系统的地震弹复性度量框架，并将其应用于港口地震弹复性分析，该模型同时包含了地震强度、结构元件易碎性（Fragility）、修复需求、修复过程和服务需求的不确定性。Hosseini 和 Barker 研究了内河港口的弹复性，将其分为吸收能力、适应能力和恢复能力，并提出用贝叶斯网络的方法度量内河港口的弹复性。

还有部分学者研究了交通网络服务组织或系统的弹复性，这类服务组织或系统并不属于交通网络基础设施，但对交通网络的运行至关重要。Jose 等人通过采访直升机公司的飞行员、副飞行员、经理、人事部门员工，采用认知任务分析法（Cognitive Task Analysis），分析了巴西坎普斯湾油田海上直升机运输系统的弹复性和脆性（Brittleness）。Praetorius等人通过访谈、小组讨论、实际观察等方法搜集并分析船舶交通服务（VTS）日常运作的数据，进而研究船舶交通服务的弹复性。

尽管几乎所有关于交通领域弹复性的研究都是从工程弹复性的角度开展的，但这并不意味着生态弹复性在交通研究领域就不可取。Wang分析了交通系统和生态系统的相似性，他认为交通系统弹复性应该是一个更加综合的概念，提出了交通的综合弹复性（Comprehensive Resilience in Transportation）的概念，包括快速从重大灾难中恢复，面对需求和容量日常波动时的可靠性，以及面对长期变化（如气候变化）时的可持续性，强调系统适应能力的多样性和可变换性。

2.1.3 交通领域中的弹复性优化

上述关于交通系统弹复性度量的研究，为弹复性交通网络的设计和优化奠定了基础。交通网络弹复性优化研究的目的是为了获得最佳的弹复性策略，使交通网络在灾害或受损的情况下能够具备最佳的恢复效果。基于不同的维度，交通网络弹复性优化研究具有不同的分类方式。

如果按照弹复性策略的实施时间分类，交通网络弹复性优化研究可以分为以下两类。

（1）预控策略。策略的实施在灾害发生之前，主要研究如何优化预防措施和恢复措施的资源配置策略，使得当灾害发生时，交通网络的弹复性最大。

（2）恢复策略。恢复策略的实施在灾害发生之后，主要研究如何制定灾后恢复措施，使交通网络的弹复性最大。

如果按照弹复性策略的获得方式分类，交通网络弹复性优化研究可以分为以下两类。

（1）按照弹复性度量指标从候选策略中选择最优策略。在交通系统弹复性研究的初始阶段，学者的研究重点在弹复性度量上，然后利用提出的弹复性度量指标或者度量模型，从给定的候选资源配置策略集或恢复策略集中选择弹复性最大的策略，以使交通网络的弹复性最大化。

还有一些学者提出了基于弹复性的其他度量指标，据此来评价给定恢复策略的优劣。例如，在 Henry 和 Ramirez-Marquez 建立的弹复性度量指标的基础上，Barker 等人和 Baroud 等人提出了两个基于弹复性的网络边的重要性度量指标，这两个指标分别用来度量边的中断对系统弹复性的负面影响和边未中断对系统弹复性的正面影响。然后根据边的重要性排序来制定恢复策略。

（2）利用优化模型生成弹复性优化策略。根据弹复性度量指标从候选策略中选择最优策略具有一定的局限性，因为给定的候选策略有可能并不是全局最优策略，或者某些现实情况中很难给出候选策略。因此，越来越多的学者开始根据研究问题的实际情况，将弹复性、成本、时间及一些相关变量作为目标函数或约束条件建立优化模型，通过对优化模型的求解，找出最佳的弹复性优化策略。这类研究将在 2.2 节进行更详细的综述。

2.1.4 相关研究

除了弹复性，在基础设施和复杂网络的安全管理研究中，还有可靠性（Reliability）、稳健性（Robustness）和脆弱性（Vulnerability）等研究热点，这些概念既相互关联，却又有不同的内涵和侧重。

相比于上述其他几个研究热点，交通系统的可靠性研究开始较早，始于20世纪80年代。在交通网络中，可靠性是指交通网络在预期的运行条件下，在预期的一段时间内按照约定水平提供充分服务的概率。根据对服务的不同定义，交通网络可靠性研究主要有以下三个方向：连通可靠性（Connectivity Reliability）、出行时间可靠性（Travel Time Reliability）和容量可靠性（Capacity Reliability）。连通可靠性研究交通网络中的节点保持连通的概率，即出行者能完全抵达指定目的地的概率；出行时间可靠性研究出行者能在指定时间内抵达指定目的地的概率；容量可靠性研究在一定服务水平下交通网络能够满足一定交通量的概率。

交通网络的稳健性是指在干扰发生时交通网络能够维持其最初设计功能的程度。研究关注的重点是系统稳定运行的能力，即交通网络在发生灾害的情况下，仍可以持续提供有效服务的能力。交通网络的脆弱性指交通网络对事故的易感性（Susceptibility），这些事故可能导致交通网络的性能大大降低。研究关注的重点是交通网络遭到干扰或破坏的后果。稳健性和脆弱性相互对立，如果一个网络的脆弱性较高，那么它的稳健性就较低，反之亦然。

可靠性研究关注的是频繁发生的干扰，以及干扰发生的概率；稳健性研究和脆弱性研究关注的是意外发生且影响较大的干扰，以及干扰的影响和后果，但不考虑发生概率的大小。例如，通过对交通网络脆弱性的研究，可以发现交通网络的关键和重要区域，这些区域遭到损害后会对整个交通网络的性能产生严重影响，而这些区域在可靠性研究中有可能被忽略，因为交通网络的可靠性在小部分此类区域损坏的情况下仍然可能很高。

可靠性、稳健性、脆弱性、弹复性的关系如图2.1所示，该图展示了系统运行过程中遭遇灾害事故并逐渐恢复的过程,图中实线为系统的性能变化曲线。可靠性、稳健性、脆弱性和弹复性分别针对系统运行的不同阶段可能存在的安全问题进行研究。可靠性研究如何提高系统稳定运行的概率,尽可能避免干扰的发生;稳健性和脆弱性分别研究灾害发生情况下如何提高系统的性能,如何降低系统性能的损失;弹复性研究如何使系统在灾后得到更好的恢复。表2.2列出了可靠性、稳健性、脆弱性、弹复性在研究关注阶段、研究关注内容、优化策略三方面的区别。通过对比分析可以看到,在基础设施和复杂网络安全管理研究的相关理论方法中,弹复性是一个用来度量和优化公路网络灾后恢复效果的非常好的切入点。

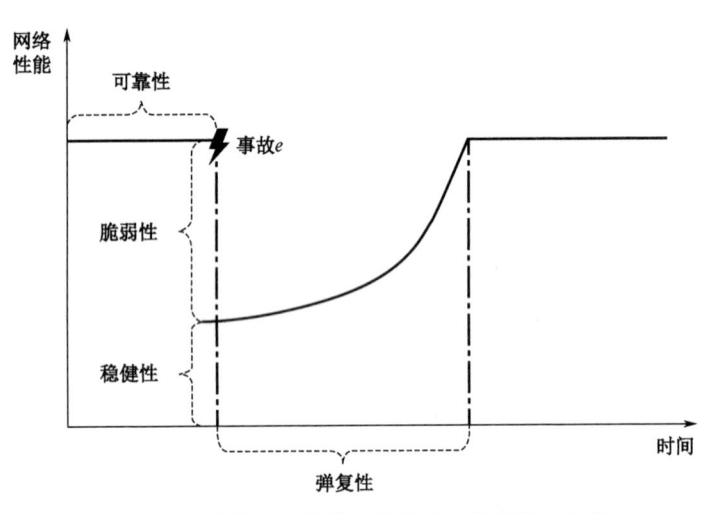

图 2.1 可靠性、稳健性、脆弱性、弹复性的关系

表2.2 可靠性、稳健性、脆弱性、弹复性的区别

	阶 段	内 容	优化策略
可靠性	干扰发生前	干扰发生的概率和可预测性	预控策略
稳健性/脆弱性	干扰发生时	干扰造成的后果	预控策略
弹复性	干扰发生后	系统恢复的效果	预控策略+恢复策略

2.2 网络恢复决策优化问题研究

交通网络受到的物理损害需要借助外界的恢复措施才能得到恢复，因此，学者们往往将弹复性、成本、时间及一些相关变量作为目标函数或约束条件建立模型，研究交通网络恢复决策优化问题。传统的网络恢复决策研究主要可以归纳为选择问题（Selection Problem）和排程问题（Scheduling Problem）两大方向。除此之外，还有一些学者开始研究选择与排程集成问题（Integrated Selection and Scheduling Problem）。

2.2.1 选择问题

交通网络恢复的选择问题是在成本约束下，确定最优的待恢复路段组合，或最优的预防措施、恢复措施组合，其本质上属于一种配置优化问题。例如，Chen 和 Miller-Hooks 建立了一个随机混合整数规划模型，利用蒙特卡洛模拟、Benders 分解和列生成法来求解该模型，寻找灾害发生不确定性环境和固定预算下恢复措施的最优配置，使得多式联运网络的弹复性最大化。在他们研究的基础上，Miller-Hooks 等人增加对预控措施的考虑，分别针对机场跑道和滑行道网络、货物运输网络、城市交通-电力耦合系统，提出了在不确定性环境和固定预算下同时考虑预防措施和恢复措施的优化配置模型。还有一些学者对交通网络应急资源布局选址的研究也属于配置优化问题，其目的是为了灾后尽快恢复交通网络的基本能力。

由于交通网络结构自身的特点,对交通网络优化问题的研究需要基于图论、网络流理论等理论方法,使得选择问题这一配置优化问题也可以被归结为网络设计问题（Network Design Problem）。因此,根据决策周期的不同,又可以分为单周期网络设计问题（Single-period Network Design Problem）和多周期网络设计问题（Multi-period Network Design Problem）两类。

1. 单周期网络设计问题

单周期网络设计问题将决策周期视为一个整体,关注的是周期结束时的最终网络结构及该结构的性能。自 1973 年 Morlok 首次提出定量的交通网络设计问题后,该问题得到了诸多研究。尤其是相对比较简单的单周期网络设计问题,也被用于研究交通网络恢复问题。比如,李斌等人建立了基于连通可靠性的灾后应急阶段路网重建模型,并利用灵敏度分析的方法求解此模型,以便确定灾后应急阶段需要优先重建的关键路段。Liu 等人研究固定预算下如何在需要翻新的公路桥梁间做出选择,以便提高整个交通网络的弹复性和稳健性。作者建立两阶段随机规划模型,优化系统损失的均值,并建立了相应的求解算法。程杰等人以网络整体效率为优化目标,考虑在随机和目的攻击下的交通网络级联失效效应对交通状况的影响,并建立了相应的城市道路网络修复策略双层优化模型。花丙威等人提出了路网脆弱性评价指标,并在此基础上构建了路网修复的双层规划模型,以便决策灾后短暂修复阶段需要修复哪些关键路段。Zhang 和 Wang 结合网络拓扑结构、冗余水平、流量模式、网络元件的结构可靠性、网络功能,提出了一个基于弹复性的网络性能指标,并以最大化该指标为目标建立了公路网络改造项目优化模型。Zhang 等人分别针对恢复过程中的确定和不确定环境，建立了带弹复性指标约束条件的网络设计优化模型，决策变量是指事故后哪些受损边需要恢复，目标函数是指恢复成本最小化。

2. 多周期网络设计问题

在实际生活中，交通网络等基础设置的投资建设往往工期较长，时间跨度甚至长达十几年，这期间的网络结构及其变化就变得至关重要。只关注最终网络结构可能会使决策效果发生较大偏差。因此，现实需求使得学者和从业者开始逐渐关注多周期网络设计问题，也称为递增网络设计问题（Incremental Network Design Problem）。这类问题将决策周期视为多周期，其一般形式是寻求各周期的综合最优设计决策，以使网络在所有周期上的累积性能最优。Baxter 等人和 Kalinowski 等人分别研究了考虑最短路和最大流的情况下，每一个周期内网络只增加一条边的多周期网络设计问题。他们研究了这类问题的复杂性，证明即使是这类问题的最简单形式也是 NP-hard。因此，在求解多周期网络设计问题时，部分学者虽然采用如分支切割法之类的精确算法，但考虑到这类问题固有的复杂性，这类精确算法往往只适用于求解小规模的网络问题，更多的研究往往采用近似算法或启发式算法。

多周期网络设计问题在交通规划领域已经得到广泛研究，研究涉及高速公路网络、铁路网络、城市道路网络、多式联运网络等多种交通网络，以及考虑需求不确定性、成本回收、交通枢纽选址、交通网络健康成本等诸多因素的多周期网络设计问题。

交通网络等重大基础设施灾后恢复或重建也具备多周期特点，因此，一些学者也将多周期网络设计问题应用于这些领域的研究。例如,陈艳艳等人根据生命线网络系统的网络特性和震后应急修复的特点,以控制地震引发的损失为目标,提出了震害快速检测的原则及应急修复的分步优化策略。谢秉磊等人建立了灾后恢复阶段多期路网重建规划的双层模型,上层模型是以工程总效益最大为目标建立多期工程效益模型,下层模型是基于出行时间可靠性的用户均衡配流模型。Kiyota 等人研究了高速公路的多阶段重建优化问题,他们建立了一个考虑公路重建时封闭策略的动态规划模型,使各周期的累计总效用最大。Matisziw 等人综合考虑系统成本最小化和网络流最大化,提出了一个基础设施网络恢复策略的多周期多目标优化方法。Ye 和 Ukkusuri 用网络性能恢复率度量弹复性,并提出了交通网络多阶段重建计划优化模型,使交通网络的弹复性在给定成本和流量约束下最大化。卢志刚等人针对灾后配电网故障抢修需优先保证重要负荷供电的实际情况,建立了含分布式电源的配电网灾后多小队分阶段抢修策略的优化模型。

多周期网络设计问题在解决选择问题时通常只考虑成本约束而不考虑资源约束,假设每个周期选出的路段均可以同时开工维修,并在该周期内完成维修工程,在下个周期投入使用。因此,多周期网络设计问题仅仅确定了选出的路段可以安排在哪个周期进行维修,并没有根据资源约束对该周期内的维修工程进行排程。进一步地,在 Hosseininasab 等人的研究中,路段的维修可以是跨多个周期的,但他们假设每个周期内所有路段维修同时开工,这意味着仍然没有考虑资源约束,没有对每个周期内的维修工程进行排程。

如前所述,交通网络优化问题与通信网络、输电网络等其他基础设施网络研究的重要不同之处在于,当进行交通网络的分析、设计和优化时,需要考虑出行者对网络优化决策的行为反应,才能使决策模型更加贴近现实情况。

因此，上述所有选择问题研究又可以分为如下两类。

（1）不考虑网络用户的行为：这类研究一般因为研究对象、研究问题的特殊性，或者出于简化问题便于研究的考虑，在建模过程中没有考虑网络用户的行为反应。

（2）考虑网络用户的行为：这类研究往往采用双层模型，上层模型解决交通网络优化决策问题，下层模型研究网络用户对上层决策的行为反应。这类问题求解难度更大，但对现实问题也更具指导意义。

表 2.3 列出了本节介绍的选择问题文献分类。

表 2.3 选择问题文献分类

决策周期	文 献	是否考虑用户的行为		网络类型
		是	否	
单周期	[73]		√	货物运输网络
	[79]		√	机场跑道、滑行道网络
	[80]		√	多式联运网络
	[98]		√	城市交通-电力耦合系统
	[103,106]	√		公路网络
	[104]		√	一般性交通网络
	[105]	√		城市道路网络
	[107]		√	公路网络
	[108]		√	一般性网络
多周期	[109,110]		√	一般性网络
	[112,122,124]	√		公路网络
	[113,125]	√		高速公路网络
	[114]		√	铁路网络
	[115,116]	√		城市道路网络
	[117]		√	多式联运网络
	[118-120,127]	√		一般性交通网络

续表

决策周期	文　献	是否考虑用户的行为		网络类型
		是	否	
多周期	[121]		√	一般性交通网络
	[123]		√	生命线网络
	[126]		√	基础设施网络
	[128]		√	配电网

2.2.2　排程问题

交通网络恢复的排程问题往往需要考虑资源约束，在给定资源（一般表现为可同时开工修复的路段的数量）的情况下，研究待修复路段的最佳修复时序排列。交通网络恢复的排程问题研究一般分为如下几个方向。

1. 基于设定的重要性指标进行排序

这类研究是排程问题研究中最基础的一类，主要思路就是根据路段（或节点）的各类重要性指标来进行排序维修。因此，如何设置合理的路段重要性指标，以便全面合理地反应路段修复后对整个网络性能的提升贡献，是研究的重点。例如，王伟研究了突发事件下铁路网的修复问题，通过以节点或边被修复后对网络性能的贡献来识别铁路网系统中的关键节点或关键边的方法，进而给出铁路物理网的修复时序方案。姬利娟选用网络效率和最大连通子图的连通度两个指标来衡量网络修复的有效性，在此基础上对危险品运输网络的修复目标进行排序。周振宇研究级联失效对城市道路交通网络的影响，建立了节点失效、节点修复效果的评价指标，然后依据失效节点修复后路网阻塞程度指标对节点重要度进行排序，并根据此排序顺序修复失效节点。

弹复性作为衡量恢复效果的重要指标，也常被用来评价恢复策略的优劣，以便决策者在备选的恢复策略中做出选择。还有一些学者提出了一些基于弹复性的其他度量指标，据此评价给定恢复策略的优劣。比如，Barker 等人和 Baroud 等人提出了两个基于弹复性的网络边的重要性度量指标，可以根据边的重要性排序来制定恢复策略。

这类研究存在一定的局限性。首先，根据路段（或节点）的各类重要性指标来进行排序维修的方法缺乏对问题的系统性认识。例如，如果当前最重要的网络恢复目标是优先保证修复一条最短路段，那么决策者应该考虑的就是如何确定一条最适合的最短路段，也就是一组路段，如果仅仅按照路段自身的重要性排序，那么优先修复的路段可能属于不同的最短路，反而耽误了最短路段的修复。其次，给定的候选恢复策略可能并没有包含最佳策略。

2. 基于车间作业调度问题（Job Shop Scheduling Problem，JSSP）思路的研究

这类问题主要针对灾后恢复重建问题，从车间作业调度问题的角度出发，将交通网络恢复排程问题中的资源和待修复路段分别视为车间作业调度问题中的加工机器和代加工零件，研究如何根据实际约束情况，将待修复路段分配给各个工程队及各路段在对应工程队的维修顺序，以取得最佳的恢复效果（如恢复时间最短、恢复成本最小、网络性能最好、系统弹复性最大等）。

Arimura 等人将恢复可达性作为优化目标，研究了考虑多个工程队分工合作情况下的公路网络维修排程问题，并详细列出了求解该问题的遗传算法设

计。Furuta 等人考虑了地震灾害后的各种不确定性，提出了一个改进的考虑不确定性的遗传算法（GACU），以便对地震灾后生命线系统的恢复排程做出最优调度决策。Cicekci 等人提出了两种贪婪调度算法来恢复受损的生命线网络，一种算法用于分配多个异构工程师，并为修复独立损坏的元件制订计划；另一种算法用于考虑网络约束的单个工程师的修复计划。这两种算法都使用效益增益率作为指标来决定下一步应该修复哪个元件，由谁来修复。Lertworawanich 建立了预算和资源未知情况下的高速公路网络恢复顺序决策动态模型，该模型的主要目标是使断开网络的出行需求损失最小化，一旦网络变为连通的，模型的第二个目标最小化网络运行时间。Bocchini 和 Frangopol 建立了震后桥梁修复策略优化模型，以每座桥梁开始修复的时间和每座桥梁的修复速度（代表分配给每座桥梁的修复资金）为决策变量，以最大化交通网络弹复性、最小化修复时间和修复成本为目标，寻求最优的修复策略。Zhang 等人提出了两个基于弹复性的恢复策略评价指标，即总恢复时间和恢复曲线的倾斜程度。用这两个指标分别度量网络恢复的速度和效率，然后以这两个指标为目标，考虑资源约束，建立优化模型，求解公路—桥梁网络灾后的最佳恢复时序。

除了维修资源约束，Vugrin 等人考虑了同一路段上可能存在的不同维修任务和维修方式，建立了一个双层规划模型来寻求灾后交通网络的最优恢复时序，模型上层通过优化交通网络弹复性求解最优恢复策略，模型下层求解相应决策下的网络流问题。Hackl 等人同时考虑资源和可选择的恢复措施的约束，以最小化恢复成本（包括直接成本和由于网络提供的服务不足而产生的间接费用）为目标建立了恢复时序优化模型，并用模拟退火算法求解该模型。

3. 基于车辆路径问题（Vehicle Routing Problem，VRP）思路的研究

这类问题主要针对灾后应急救援阶段，该阶段交通网络的主要功能是为救援队伍、应急物资配送、灾区群众疏散提供安全高效的救援路径，基本不用考虑社会日常出行需求，公路修复工作以疏通受灾点与救灾中心等之间的道路为主要任务。因此，这部分研究往往从车辆路径的角度出发，将救灾中心、受灾点、工程队分别视为车辆路径问题中的配送中心、客户、车队，研究如何根据实际约束情况，合理规划各工程队的维修路径，以便取得最佳的恢复效果。

Chen 和 Tzeng 针对地震后公路网络抢修的多工程队调度问题，构建了模糊多目标模型，并使用了不对称的交通指派技术来衡量重建排程的效率。Feng 和 Wang 考虑资源和时间的约束，以最大化公路修复长度和营救人员数量、最小化救援人员风险为目标，建立了高速公路震后应急修复调度模型。针对地震后公路抢修时间的不确定性，王福圣将抢修时间视为模糊变量，建立了公路紧急抢修的模糊多场站车辆路径模型，并设计了算法对模型进行求解。Tang 等人利用稳健性和期望优化概念，结合时空网络（Time-space Network）方法，建立了考虑通行时间和维修时间不确定的工程队抢修线路调度模型。霍建顺等人考虑震后的不确定性，建立了基于抢修时间模糊的受损公路抢修线路调度模型，并以汶川地震为例，对所建模型和算法进行验证。Yan 和 Shih 利用蚁群系统（Ant Colony System，ACS）算法，结合阈值接受技术，开发了一种基于 ACS 的混合算法，能够有效地解决公路抢修时空网络问题。考虑到应急

物资配送、灾民疏散等交通流分布会随着路网抢修工作而改变，李双琳和郑斌以最大化路网抢修累积绩效为目标，建立了动态交通流下的震后路网抢修排程优化模型，并设计了一种混合遗传算法对模型进行求解。

另外，应急物资配送、灾区群众疏散等工作也是灾后应急救援阶段面临的重要工作，由于时间紧迫，这些工作往往需要和应急道路疏通工作同步进行。因此，也有不少学者将应急道路抢修与应急救援阶段面临的应急物资配送、废墟清理、紧急救援及疏散问题相结合，研究联合优化问题。

与选择问题类似，上述所有排程问题研究也可以按照是否考虑网络用户的行为划分为两类。不过，由于应急救援阶段以应急物资配送、救援疏散为主要任务，这类任务集中且可控，用户日常出行可以忽略。因此，基于车辆路径问题思路的研究基本都不考虑用户的行为。表2.4列出了本节介绍的排程问题相关文献的分类情况。

表2.4 排程问题文献分类

研究方向	文献	是否考虑用户的行为 是	是否考虑用户的行为 否	网络类型
按重要性指标排序	[66,82]		√	一般性网络
	[67,83]		√	内河航道网
	[68]		√	港口
	[129]		√	铁路网
	[130]		√	危险品运输网络
	[131]	√		城市道路网络
基于JSSP思路的研究	[133]		√	公路网络
	[134,135]		√	生命线网络
	[136]	√		高速公路网络
	[137]	√		桥梁网络

续表

研究方向	文献	是否考虑用户的行为 是	是否考虑用户的行为 否	网络类型
基于 JSSP 思路的研究	[138]		√	公路-桥梁网络
基于 JSSP 思路的研究	[139,140]	√		一般性交通网络
基于 VRP 思路的研究	[141]	√		公路网络
基于 VRP 思路的研究	[142]		√	高速公路网络
基于 VRP 思路的研究	[143-152]		√	公路网络

2.2.3 选择与排程集成问题

选择与排程集成问题的研究重点是根据某个恢复阶段的特点（如成本预算、资源预算、工期不确定性等）和该阶段优先保证的恢复目标，同时解决该阶段的选择问题和维修排程问题。选择与排程集成问题与多周期网络设计问题的相同之处在于，两者均考虑了恢复决策在恢复过程中所产生的效果，而不仅仅只关注最终的网络结构；不同之处在于，选择与排程集成问题考虑了每个恢复阶段的资源约束，即不能同时修复选出的待修复网络元件，需要根据资源约束对工作任务进行排程。因此，选择与排程集成问题难度更大，而目前有关该问题的研究相对较少。

Nurre 等人采用网络最大流作为网络性能指标，研究了基础设施网络恢复的选择与排程集成问题；并基于最大流问题的特点，开发了一种启发式作业安排规则来解决该选择与排程集成问题。Cavdaroglu 等人考虑当今社会基础设施间大量存在的相互依赖关系，将上述问题拓展到相依基础设施系统（Interdependent Infrastructure Systems），研究了它们灾后联合恢复的选择与排程集成问题。Almoghathawi 等人也研究了相依基础设施网络恢复的选择与排程集成问题，他们考虑了不同的事故场景，以及时间和资源的约束，提出了一种基于弹复性的多目标恢复模型。该模型旨在使相依基础设施网络的弹复性最大化，同时最小化与恢复过程相关的总成本。Nurre 和 Sharkey 研究了选择与排程集成问题的复杂性，他们考虑分别采用最大流、最小成本流、最短路、最小生成树作为网络性能的选择与排程集成问题，证明这些问题都是NP-hard 问题；并提出了一种新的启发式调度规则算法框架，该框架根据不同边的集合在网络中的相互作用来确定选择决策和排程决策。Sun 和 Sharkey 重点分析了上述调度规则的近似因子，证明了近似保证是基于网络中的弧数和调度环境中的机器数。Nurre 和 Sharkey 考虑网络元件维修开始时间不确定的情况，研究了实时优化环境下的基础设施网络恢复的选择与排程集成问题。在该环境下，决策者一开始无法获知全部的网络元件维修开始时间，而是随着时间的推移逐步获知的。Alvarez-Miranda 和 Pereira 将网络选择与排程集成问题归结为一个两阶段稳健优化模型，并给出了求解该模型的精确算法，模型第一个阶段的决策与经典的网络设计问题相对应，第二个阶段的决策与不确定性下的网络建设排程问题相对应。

  上述这些选择与排程集成问题研究都是关于一般性基础设施系统或者抽象网络的，多以最大流或最短路段等作为网络性能，网络流的传输遵循系统调度不需要考虑网络用户的自主选择行为，因此并不适用于交通网络的研究。Li 等人研究了交通网络应急恢复阶段恢复策略优化问题，并建立了一个双层模型。上层模型解决交通网络应急恢复阶段的选择与排程集成问题，以便最大化交通网络弹复性；下层模型用带时间序列的用户均衡配流模型来刻画上层决策下的用户路径选择行为。该模型也考虑了恢复策略在恢复过程中的效果和交通网络用户的选择行为，能够有效地帮助决策者同时确定应急恢复阶段需要优先恢复的关键路段及其恢复时序。

2.3 交通优化问题中的双层规划

如前所述，交通网络的优化建模涉及两个问题，如何制定交通网络优化决策，以及如何预测交通网络用户对决策的行为反应。双层规划模型是解决上述两个问题的常用方法。

双层规划问题（Bi-level Programming Problem）又称双层优化问题（Bi-level Optimization Problem），是指包含上、下两层规划问题，其中上层问题是以下层问题为约束条件的规划问题。双层规划问题同时考虑了决策过程中不同决策者（领导者和追随者）的作用和表现。上层问题是领导者（即交通网络规划管理者）问题，包括可度量的优化目标（如交通网络通行效率最大化、建设或修复成本最小化），约束条件（政策、经济、环境等多方面的现实约束），以及需要做出的决策（如需要新建或修复的路段、建设或修复的时序安排）。上层问题假设领导者能够预测出行者的行为；下层问题是追随者（即交通网络出行者）问题，出行者决定是否出行、出行方式、出行路线等决策。在这种双层结构下，交通网络管理者可以考虑出行者的反应，通过优化交通网络来影响用户的出行选择，但不能直接控制用户的出行选择。另外，这种双层结构并不允许出行者预测交通网络管理者的决策，只允许他们在知道管理者的决策后决定自己的出行选择。双层规划模型的一般形式如下。

上层模型：

$$\min F(x, y(x)) \tag{2.1}$$

s.t.

$$G(x, y(x)) \leqslant 0 \tag{2.2}$$

$$H(x, y(x)) = 0 \tag{2.3}$$

其中，x 是上层决策者的决策变量，$F(x,y(x))$ 是上层决策者的目标函数，公式（2.2）和公式（2.3）是上层决策者在决策过程中受到的约束条件。$y(x)$ 是在上层决策变量 x 给定的条件下，如下所示的下层模型的最优解。

下层模型：

$$\min f(x, y) \tag{2.4}$$

s.t.

$$g(x, y) \leqslant 0 \tag{2.5}$$

$$h(x, y) = 0 \tag{2.6}$$

其中，y 是下层决策者的决策变量，$f(x,y)$ 是下层决策者的目标函数，公式（2.5）和公式（2.6）是下层决策者在决策过程中受到的约束条件。

在决策过程中，上层模型首先给出决策，然后观察下层模型的反应。下层模型在上层模型决策方案给定的前提下，寻求自己的最优决策。下层模型给出行动方案后，上层模型将根据下层模型的反应调整其决策方案，力求使自己的目标函数最大化。接下来，下层模型将再次根据上层模型新给出的决策调整自己的决策。反复进行上述过程，直至上层模型和下层模型都不再调整自己的决策为止。此时模型达到一个相对平衡、满意的状态，这时的决策方案被称为相对最优方案。

　　交通优化问题中的双层规划模型的特殊之处在于其下层模型。y(x)又被称为反应函数（Reaction or Response Function），一般它将下层交通网络出行者的反应行为最终描述为交通流量分配的模式，该模式往往表现为交通网络上每条路段或每条路径上的交通流量。由于对出行者出行选择的刻画维度不同，以及行为准则的假设不同，下层问题又可以分为多种形式。下层问题中最常见的形式是考虑出行者的路径选择，即交通流分配问题（Traffic Assignment Problem）。交通流分配问题的基础问题是用户均衡配流（User Equilibrium），该问题假设所有出行者都能随时精确掌握每条路径的通行时间，并且相互之间不存在合作关系，所有OD对之间的出行量保持不变。如果假设出行者对路径通行时间的感知存在随机误差，基础问题就拓展为随机用户均衡配流（Stochastic User Equilibrium）。如果假设OD对之间的出行量会随着通行时间变动，基础问题就拓展为需求变动的用户均衡配流（User Equilibrium with Variable Demand）。如果假设出行者之间的行为是协作的，大家的共同目标是使交通网络的总出行时间最小，则基础问题就拓展为系统最优配流（System Optimization）。

　　以上所提下层模型虽然假设不同，但都有一个基础假设，即出行者的其他选择行为给定，因此只考虑出行者的路径选择行为。如果假设出行者的目的地选择也不固定，同时考虑出行者的目的地选择行为和路径选择行为，则下层问题就变为均衡出行分布和交通配流组合问题（Combined Equilibrium Trip Distribution and Traffic Assignment Problem）。2.4节将详细介绍本书用到的用户均衡配流模型、均衡出行分布和交通配流组合模型。更多关于上述其他模型的详细信息可以参见 Sheffi 和黄海军的研究。

　　Ben-Ayed 等人证明了即使上层模型和下层模型均是线性规划的简单双层规划问题，也依然是 NP-hard 问题。Luo 等人证明了即使上层模型和下层模型均是凸问题，也无法保证双层规划问题依然是凸问题。NP-hard 问题和非凸问题的特点极大地增加了双层规划模型的求解难度。因此，在交通优化问题的研究中，往往选择采用启发式算法而非精确算法来求解此类双层规划模型。

2.4　交通优化问题中的用户选择行为分析

2.4.1　交通流分配问题及用户均衡的概念

　　交通流分配问题是在已知交通网络结构、网络各路段的阻抗函数和 OD 矩阵（各 OD 对之间的出行量）的情况下，研究如何将 OD 矩阵按照一定的准则分配到交通网络上，从而获得每条路段上的交通流量，以便对各条路段的负荷水平和交通网络的使用情况做出评价。交通流分配问题可以为交通网络规划、设计和决策提供依据。显然，对该问题的一个基本要求就是所得到的路段交通流量应该尽可能地符合实际交通情况。

　　实际中，交通网络上形成的交通流量分配状况是两种机制相互作用直至平衡的结果。一方面，出行者试图通过选择最佳出行线路来达到费用最少的目的；另一方面，出行者遇到的阻抗（即广义费用）与系统被使用的情况密切相关，道路上的交通流量越大，对应的行驶费用就越高。这里的费用可以被理解为包括所有影响出行的因素，如时间、成本、方便舒适程度等。但在实际研究或应用中，时间通常是唯一的度量标准。这是因为：其一，经验研究表明，时间是影响流量的主要阻力；其二，几乎所有其他因素都与时间正相关；其三，时间易于测量。因此，即使用到其他阻抗度量指标，也常常是将这些指标转换成时间来度量。

人们在研究过程中逐渐认识到，正确的交通流分配方法应该能较好地再现真实的交通状态，而这种真实的交通状态正是交通网络用户在上述两种机制相互作用下做出的出行路径选择的结果。基于这种认识，以交通网络出行者的路径选择行为分析基础的用户均衡配流理论逐渐发展起来，并得到了广泛应用。

交通流分配问题的一个关键点是假设出行者遵循什么样的行为准则。Wardrop 于 1952 年提出的 Wardrop 均衡配流原则是最为广泛使用的原则。该原则假设所有出行者都独立做出决策，力图选择阻抗最小的路径；所有出行者都能随时掌握整个交通网络的状态，精确计算出每条路径的阻抗，从而做出完全正确的路径选择决策；所有出行者的计算能力和计算水平相同。在上述行为准则假设所导致的最终交通流量分配状态里，同一 OD 对之间所有被使用的路径（即有流量通过的路径）的阻抗相等，且不大于任何未被使用的路径（即没有流量通过的路径）的阻抗，没有任何出行者能够通过单方面改变自己的路径来达到降低自己阻抗的目的。这种交通流量分配的状态被称为用户均衡状态。Beckmann 采用如下数学形式来描述用户均衡状态：

$$z_{ij} - z_{ij}^p \begin{cases} =0, & \text{如果} h_{ij}^p > 0 \\ \leq 0, & \text{如果} h_{ij}^p = 0 \end{cases}, \quad i \in I, \quad j \in J, \quad p \in P_{ij} \qquad (2.7)$$

其中，z_{ij} 为用户均衡状态下 OD 对 i, j 之间的通行阻抗，z_{ij}^p 为 OD 对 i, j

之间的第 p 条路径上的通行阻抗，h_{ij}^p 为该路径上的流量，P_{ij} 为 OD 对 i,j 之间的所有路径的集合。

2.4.2 用户均衡配流问题

基础的用户均衡配流问题，即在流量分配过程中，各 OD 对之间出行量固定的用户均衡配流问题的数学规划模型，如下所示：

$$\min Z(h) = \sum_{a \in A} \int_0^{h_a} z_a(x) \mathrm{d}x \tag{2.8}$$

s.t.

$$\sum_{p \in P_{ij}} h_{ij}^p = q_{ij}, \quad i \in I, \quad j \in J \tag{2.9}$$

$$h_{ij}^p \geqslant 0, \quad i \in I, \quad j \in J, \quad p \in P_{ij} \tag{2.10}$$

$$h_a = \sum_{i \in I} \sum_{j \in J} \sum_{p \in P_{ij}} h_{ij}^p \times \delta_{a,p}^{ij}, \quad a \in A \tag{2.11}$$

其中，h_a 是路段 a 上的交通流量；A 是交通网络的路段集合；I 和 J 分别是交通网络起始点和目的地的集合；q_{ij} 是 OD 对 i,j 之间的出行量；$\delta_{a,p}^{ij}$ 表示路段 a 和连接 OD 对 i,j 的第 p 条路径的关系，如果 a 在第 p 条路径上，$\delta_{a,p}^{ij}=1$，否则 $\delta_{a,p}^{ij}=0$；$z_a(x)$ 是路段 a 的阻抗函数，表示路段 a 的阻抗随着路段 a 的流量变化而变化的关系。当流量增加时，由于车辆之间的相互影响（即拥挤）和路口的排队等待时间变长，路段阻抗会单调上升，因此阻抗函数是流量的增函数。阻抗函数的具体形式和参数设定取决于路段的物理特征，如长度、宽度、容量、路面质量、管理水平、路口交通灯的绿信比等。

上述模型又被称为 Beckmann 变换式。约束条件式（2.9）表示路径流量和 OD 对出行量之间的守恒关系。约束条件式（2.10）保证所有路径上的流量非负。约束条件式（2.11）表示路段流量和路径流量之间的关联关系。目标函数式（2.8）是交通网络上所有路段的阻抗函数的积分之和，其本身没有直观的经济含义。基于上述构造，可以很容易地证明上述模型存在唯一解，且该唯一解等价于 Wardrop 均衡配流原则。

上述模型是一个凸规划问题，常用的求解方法有 Frank-Wolfe 法和 MSA 法。本书后续章节将会应用到该模型，并采用 Frank-Wolfe 法求解，算法具体过程如下。

第 1 步：初始化。令路段 a 的初始阻抗 $z_a^0 = z_a(0)$，$\forall a \in A$。用全有全无网络加载方法将所有 OD 对的出行量加载到交通网络上，即每一对 OD 对 ij 的出行量都全部被加载到其某一条最短路径上，得到初始路段流量 $\{h_a^1\}$，令迭代次数 $n=1$。

第 2 步：更新路段阻抗。令 $z_a^n = z_a(h_a^n)$，$\forall a \in A$。

第 3 步：确定迭代方向。根据 $\{z_a^n\}$，用全有全无网络加载方法将所有 OD 对的出行量加载到交通网络上，得到一组辅助路段流量 $\{y_a^n\}$。

第 4 步：确定迭代步长。求解下方一维极小值问题：

$$\min_{0 \leqslant \lambda^n \leqslant 1} \sum_{a \in A} \int_0^{h_a^n + \lambda^n \times (y_a^n - h_a^n)} z_a(h) \mathrm{d}h \tag{2.12}$$

得到迭代步长 λ^n。

第 5 步：更新路段流量。令 $h_a^{n+1} = h_a^n + \lambda^n \times (y_a^n - h_a^n)$，$\forall a \in A$。

第 6 步：检查算法是否收敛。如果 $\dfrac{\sqrt{\sum_{a \in A}(h_a^{n+1} - h_a^n)^2}}{\sum_{a \in A} h_a^n} \leqslant \omega$（$\omega$ 是预先给定的收敛误差值），则满足收敛条件，$\{h_a^{n+1}\}$ 即为所求均衡状态下各路段的流量 $\{h_a\}$，算法结束；否则，令 $n=n+1$，转至第 2 步。

2.4.3 均衡出行分布和交通配流组合问题

交通流分配问题研究的是出行者的路径选择行为，因此，大部分情况下，各 OD 对之间的出行量是预先给定不变。即使是在需求变动的用户均衡配流中，每个起始点的出行量分配到各个目的地的比例也是固定的，这意味着交通流分配问题不用考虑出行者的目的地选择行为。而在现实生活中，出行者的日常出行需求具有多样性。对于每个起始点，一部分出行需求，如工作、学习等，出行者的目的地相对固定，因此该起始点生成的这部分出行需求的目的地分布结构也相对固定，即这部分出行需求分配到各个目的地的数量占这部分出行需求的比例固定不变；另一部分出行需求，如购物、娱乐等，出行者面临多种目的地选择，最终选择取决于各个目的地对出行者的吸引程度，因此该起始点生成的这部分出行需求的目的地分布结构并不固定。在这种情况下，如果想较好地再现实际交通状态，就需要同时分析出行者的出行目的地选择行为和路径选择行为。因此，一些学者提出了均衡出行分布和交通配流组合模型，该模型的具体形式如下：

$$\min \sum_{a \in A} \int_0^{h_a} z_a(x) \mathrm{d}x + \frac{1}{\theta} \sum_{i \in I} \sum_{j \in J} \hat{q}_{ij} \left(\ln \hat{q}_{ij} - 1 \right) + \sum_{j \in J} \int_0^{\sum_{i \in I} \hat{q}_{ij}} z_j(y) \mathrm{d}y \quad (2.13)$$

s.t.

$$\sum_{j \in J} \hat{q}_{ij} = \hat{O}_i, \quad i \in I \quad (2.14)$$

$$\sum_{p \in P_{ij}} h_{ij}^p = \overline{q}_{ij}, \quad i \in I, \quad j \in J \quad (2.15)$$

$$\sum_{p \in P_{ij}} f_{ij}^p = \hat{q}_{ij}, \quad i \in I, \quad j \in J \quad (2.16)$$

$$h_a = \sum_{i \in I} \sum_{j \in J} \sum_{p \in P_{ij}} \left(f_{ij}^p + h_{ij}^p \right) \times \delta_{a,p}^{ij}, \quad a \in A \qquad (2.17)$$

$$f_{ij}^p \geq 0, \quad p \in P_{ij}, \quad i \in I, \quad j \in J \qquad (2.18)$$

$$h_{ij}^p \geq 0, \quad p \in P_{ij}, \quad i \in I, \quad j \in J \qquad (2.19)$$

$$\hat{q}_{ij} \geq 0, \quad i \in I, \quad j \in J \qquad (2.20)$$

其中，$\hat{O}_i$ 是起始点 i 上目的地分布结构不固定的出行量；$\hat{q}_{ij}$ 是 $\hat{O}_i$ 中选择到达目的地 j 的出行量；$\bar{q}_{ij}$ 是起始点 i 到目的地 j 之间目的地分布结构固定的出行量；f_{ij}^p 和 h_{ij}^p 分别表示 $\hat{q}_{ij}$ 和 $\bar{q}_{ij}$ 对应的在 OD 对 ij 之间第 p 条路径上的路径流量；$z_j(y)$ 是目的地成本函数，自变量 y 表示该目的地吸引到的目的地分布结构不固定的出行量；θ 是分布参数，与用户对目的地成本的感知误差相关；其他参数含义与均衡配流模型相同。模型中的决策变量是 $\hat{O}_i$ 中选择到达目的地 j 的出行量 $\hat{q}_{ij}$，路段流量 h_a。

约束条件式（2.14）表明了决策变量 $\hat{q}_{ij}$ 和参数 $\hat{O}_i$ 的关系，并和约束条件式（2.20）一起确定了决策变量 $\hat{q}_{ij}$ 的取值范围。约束条件式（2.15）和式（2.16）分别表明了 OD 对之间目的地分布结构固定和不固定的出行量与对应的路径流量之间的守恒关系。约束条件式（2.17）表明了路段流量和路径流量之间的关联关系。约束条件式（2.18）和式（2.19）保证所有路径上的流量为非负。与用户均衡配流模型类似，目标函数式（2.13）本身也没有直观的经济含义。基于上述构造，可以很容易地证明上述模型存在唯一解，且该唯一解符合均衡原则。

上述模型仍然是一个凸规划问题，求解算法如下。

第 1 步：初始化。给出一组符合模型约束条件的 $\{\hat{q}_{ij}\}$ 的初始取值 $\{\hat{q}_{ij}^1\}$；令路段 a 的初始阻抗 $z_a^0 = z_a(0)$，$\forall a \in A$。用全有全无网络加载方法将所有

OD 对的出行量 $\{\bar{q}_{ij} + \hat{q}_{ij}^1\}$ 加载到交通网络上，得到初始路段流量 $\{h_a^1\}$，令迭代次数 $n=1$。

第 2 步：更新路段阻抗和目的地成本。令 $z_a^n = z_a(h_a^n)$，$\forall a \in A$；$z_j^n = z_j\left(\sum_{i \in I} \hat{q}_{ij}^n\right)$，$\forall j \in J$。

第 3 步：确定迭代方向。根据 $\{z_a^n\}$，计算 OD 对间的最短通行时间 $\{z_{ij}^n\}$，进而计算对应于 $\hat{q}_{ij}^n$ 的辅助变量 $\hat{u}_{ij}^n = \hat{O}_i^{t_k} \times \dfrac{e^{-\theta(z_{ij}^n + z_j^n)}}{\sum_{l \in I} e^{-\theta(z_{il}^n + z_l^n)}}$，$\forall i \in I$，$j \in J$；根据 $\{z_a^n\}$，用全有全无网络加载方法将所有 OD 对的出行量 $\{\bar{q}_{ij} + \hat{u}_{ij}^n\}$ 加载到交通网络上，得到一组对应于 $\{h_a^n\}$ 的辅助变量 $\{y_a^n\}$。

第 4 步：确定迭代步长。求解下方一维极小值问题：

$$\min_{0 \le \lambda^n \le 1} \sum_{a \in A} \int_0^{h_a^n + \lambda^n \times (y_a^n - h_a^n)} z_a(x) \mathrm{d}x + \frac{1}{\theta} \sum_{i \in I} \sum_{j \in J} \left[\hat{q}_{ij}^n + \lambda^n \times \left(\hat{u}_{ij}^n - \hat{q}_{ij}^n\right)\right] \times$$
$$\left\{\ln\left[\hat{q}_{ij}^n + \lambda^n \times \left(\hat{u}_{ij}^n - \hat{q}_{ij}^n\right)\right] - 1\right\} + \sum_{j \in J} \int_0^{\sum_{i \in I}\left[\hat{q}_{ij}^n + \lambda^n \times \left(\hat{u}_{ij}^n - \hat{q}_{ij}^n\right)\right]} z_j(y) \mathrm{d}y$$

（2.21）

得到迭代步长 λ^n。

第 5 步：更新路段流量和目的地分布结构不固定的出行量。令 $h_a^{n+1} = h_a^n + \lambda^n \times (y_a^n - h_a^n)$，$\forall a \in A$；$\hat{q}_{ij}^{n+1} = \hat{q}_{ij}^n + \lambda^n \times (\hat{u}_{ij}^n - \hat{q}_{ij}^n)$，$\forall i \in I$，$j \in J$。

第 6 步：检查算法是否收敛。如果 $\sum_{i \in I} \sum_{j \in J} \left| \dfrac{\hat{q}_{ij}^{n+1}}{\hat{O}_i^{t_k}} - \dfrac{e^{-\theta(z_{ij}^n + z_j^n)}}{\sum_{l \in J} e^{-\theta(z_{il}^n + z_l^n)}} \right| \le \omega$（$\omega$ 是预先给定的收敛误差值），则 $\{h_a^{n+1}\}$ 和 $\{\hat{q}_{ij}^{n+1}\}$ 即分别为所求均衡状态下各路段的流量 $\{h_a\}$ 和目的地分布结构不固定的出行量 $\{\hat{q}_{ij}\}$，算法结束；否则，令 $n = n+1$，转至第 2 步。

2.5 国内外相关研究小结

综上所述，弹复性作为研究系统恢复能力和恢复效果的新方法，目前已经被广泛应用于包括交通领域在内的多个研究领域。传统的交通网络灾后恢复决策研究主要可以归纳为选择问题和排程问题两大方向。在这两个方向，学者们对不同类型的交通系统和交通网络，尤其是公路交通网络，开展了大量深入细致的研究。除此之外，还有一些学者开始研究选择与排程集成问题。但上述研究仍然存在一些不足。

（1）交通领域弹复性研究多集中于度量，优化分析研究仍然缺乏。虽然弹复性研究已经成为交通领域的研究热点之一，但这些研究大部分集中于弹复性度量这一基础问题，将弹复性工程方法应用到交通网络分析设计和灾后恢复优化的研究仍然比较少。即使已有一些交通网络弹复性优化研究，也是将弹复性作为已有优化策略间优劣比较的衡量指标，缺乏深入的优化分析。然而，在很多问题中，可能并不存在现成的策略可供比较和选择，或者即使存在一些策略，这些现成的策略也不一定涵盖最优策略。因此，需要在弹复性度量研究的基础上，进一步研究如何通过弹复性优化方法解决交通网络分析设计和灾后恢复优化问题。

（2）选择与排程集成问题尚处于研究的初级阶段，缺乏系统性研究。传统的网络恢复决策研究并不适用于解决选择与排程集成问题。在传统的选择问题研究中，单周期问题将决策周期视为一个整体，只关注周期结束时的最终网络结构及该结构的性能,并没有考虑恢复过程中网络性能的变化情况。即使是在恢复的过程中,交通网络等基础设施也需要不间断地为社会提供公共服务,只关注结果不关注过程有可能造成最终决策的偏差。多周期问题虽然考虑了恢复过程,但并没有考虑每个周期内的资源约束,无法解决每个周期内的排程问题。而且多周期问题的各个周期往往采用相同的网络性能度量指标和恢复目标,这与重大灾害灾后恢复的实际情况并不相符。

在排程问题研究中,基于设定的重要性指标进行排序过于简单,缺乏对问题的系统性认识,因此不容易得到最佳策略。基于车间作业调度问题思路的研究关注的重点是在已知全部待恢复路段的情况下,如何做出待恢复路段和工程队之间的最佳恢复时序安排,而这并没有考虑如何解决选择问题。基于车辆路径问题思路的研究从人道救援的角度出发,关注的重点是如何尽快疏通受灾点和救灾中心之间的道路,主要针对灾后短时间的应急救援阶段,不太关注路网整体的恢复工作。

虽然选择与排程集成问题与多周期网络设计问题类似,均考虑了恢复决策在恢复过程中所产生的效果,不仅只关注最终的网络结构,但是,选择与排程集成问题还要考虑每个恢复阶段的资源约束,即不能同时修复选出的待修复网络元件,需要根据资源约束对工作任务进行排程。因此,选择与排程集成问题的求解难度更大。通过文献调研可以发现,目前有关该问题的研究尚处于初级阶段,已有研究相对较少,且多采用简单的最大流或最短路段作为系统性能指标,缺乏系统性研究,研究成果很难被借鉴和推广到更多复杂的选择与排程集成问题中。因此需要对该问题进行系统的研究,探索一种适用性更广泛的网络恢复选择与排程集成问题优化方法,为该问题的深入研究打下基础。

(3)公路网络灾后恢复选择与排程集成问题更加复杂,现有研究也更加匮乏。在交通系统分析、设计和优化的相关研究中，为了使研究更加贴近实际情况，需要分析交通网络用户的行为，包括路径的选择、目的地的选择等，这会导致普通的选择与排程集成问题转变为更加复杂的双层规划问题，大大增加了问题建模和求解的难度。由于选择与排程集成问题尚处于研究的初级阶段，现有研究多集中于一般性的基础设置系统或抽象网络，公路网络灾后恢复选择与排程集成问题的研究十分匮乏。因此，考虑这一问题的重要性，需要结合公路网络不同恢复阶段的特点，在对公路网络用户行为分析和建模的基础上，对该问题展开细致的研究。

第 3 章

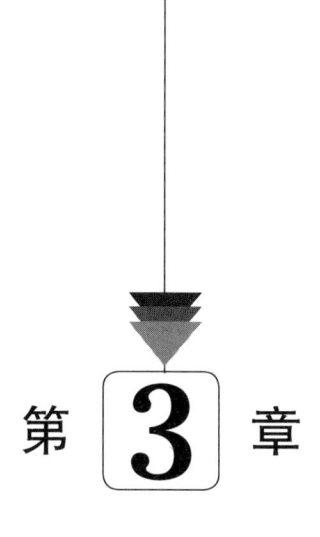

基于弹复性的公路网络灾后恢复决策优化问题分析

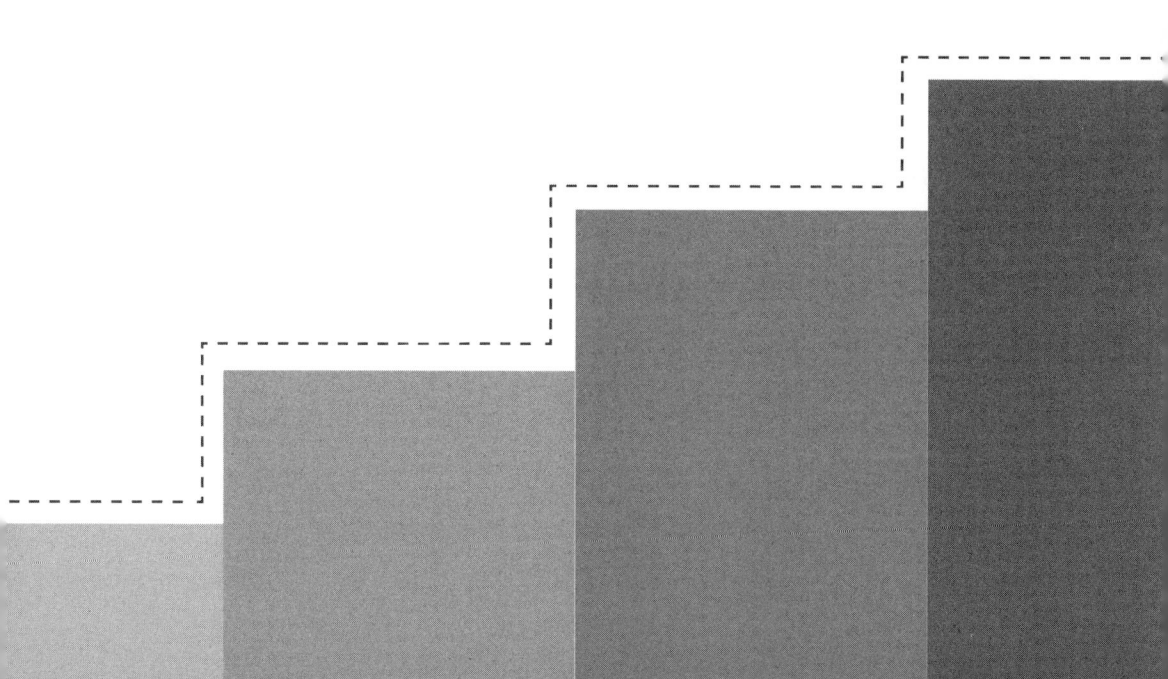

本章详细分析了公路网络灾后恢复决策优化问题，并给出问题解决思路。明确研究对象和灾后恢复阶段的划分，在此基础上对本书研究的基于弹复性的公路网络灾后恢复决策优化问题进行界定，并分析了该决策优化问题中的难点。随后给出了问题解决过程：首先，提出基于弹复性的网络恢复选择与排程集成问题优化方法，重点解决如何度量恢复效果及如何制定恢复选择与排程集成决策这两个难点；然后，针对如何刻画各恢复阶段的特点这一难点，分别分析公路网络应急恢复阶段和全面恢复阶段的特点，在上述优化方法的基础上，分别提出基于弹复性的公路网络应急恢复阶段决策优化方法和基于弹复性的公路网络全面恢复阶段决策优化方法，共同解决公路网络灾后恢复全过程的决策优化问题。

3.1 公路网络灾后恢复决策优化问题界定

3.1.1 研究对象

如前所述，公路网络与社会和公众的联系最为紧密，尤其对于区域内的交通活动至关重要，具有不可替代性。在很多受灾地区，公路运输是疏散灾区群众、输送救灾物资、受灾地区灾后重建等活动赖以顺利进行的重要（甚至是唯一的）交通方式。而且，在公路网络上，拥堵效应往往较为明显，用户的出行行为更容易受到优化决策的影响。在此情况下，针对公路网络灾后恢复决策优化问题的建模和求解也更加复杂。因此，本书将公路网络作为研究对象，研究其灾后恢复的选择与排程集成决策优化问题。

由于公路网络自身的结构特征，对它的研究首先会把它抽象成一个无向的或有向的网络拓扑结构图。根据研究对象的规模不同，图中的节点表示道路的交叉口、起始点和目的地（OD 点），或者表示不同的城市；图中的边表示交叉口、OD 点、城市之间的路段。然后，再利用图论、网络流理论、交通网络流量分析等相关理论和方法进行深入分析。由于事故会对公路网络的双向道路造成同等影响，而为便于表达和计算，本书中所有研究均基于无向网络，但本书模型和算法同样适用于有向网络。另外，通过增加两个虚拟节点和一条虚拟边来替代某个节点的方式，网络中的节点可以转化为边。因此，不失一般性地，本书的所有研究仅考虑网络中边的受损与恢复。但通过适当的网络变形和转换，本书所建模型和算法同样适用于研究网络中节点的受损与恢复。

3.1.2 灾后恢复阶段划分

重大灾难的灾后恢复工作是一项长期、复杂的系统工程，一般可以分为前期的应急恢复阶段（Emergency Recovery Phase）和后期的全面恢复阶段（Comprehensive Recovery Phase），这两个阶段在恢复对象、时间、成本、目标等方面有不同的特征。应急恢复阶段需要对保障基本生活的建筑、设施和其他对象进行恢复，暂时满足受灾人员的基本生活需求，是一个应急过渡阶段。对于公路网络，恢复其必要的连通性是应急恢复阶段的首要任务，这样才能保障物资输送和后续重建工作的顺利进行。应急恢复阶段结束后，公路网络的恢复工程会进入全面恢复阶段，该阶段是在前者工作的基础上，对受损区域进行全面恢复建设，使受损设施的整体性能和服务水平恢复到原有状态，与灾后社会经济秩序全面恢复相适应。全面恢复阶段同样非常重要，因为它决定了公路网络的整体性能和服务水平能否得到更快更好的恢复，进而为社会提供全面的服务。因此，也可以将公路网络的灾后恢复相应划分为应急恢复阶段和全面恢复阶段两个阶段，分别根据不同阶段的特点给出针对性的恢复决策优化方法。

3.1.3 问题界定

通过上述分析，将公路网络灾后恢复决策优化问题界定为，如何根据应急恢复阶段和全面恢复阶段各自的特点，如该阶段重点考虑的恢复目标、资金和资源约束、时间紧迫性要求、可能存在的不确定性等，制定各阶段相应的公路网络恢复选择与排程集成决策，使公路网络的恢复效果达到最佳。

3.2 决策难点分析

解决上述问题需要考虑的因素众多，解决问题的过程是一个复杂的决策优化过程。该问题中存在如何度量恢复效果，如何制定恢复选择与排程集成决策，以及如何刻画各恢复阶段特点三个难点。

3.2.1 度量恢复效果

作为重要的基础设施网络之一，公路网络在恢复过程中仍需要持续向社会提供服务，除了最终的恢复结果，公众还关心恢复过程中公路网络的服务效果。从服务受灾地区整体灾后恢复工作的角度出发，恢复过程的效果如何尤为重要。因此，决策者制定恢复策略的判断依据是保证恢复效果最佳。如何定义恢复效果最佳就成为首先要解决的问题。弹复性为解决这个问题提供了研究基础。Holling 认为工程弹复性"关注单一均衡稳定状态的稳定性，用对扰动的抵抗和恢复均衡状态的速度来度量"。因此，如何根据弹复性的相关理论方法及公路网络的自身特点，设计能够全面反映公路网络恢复效果的弹复性度量指标，是首先要解决的难点问题。

3.2.2 网络恢复选择与排程集成决策

在每个恢复阶段，公路网络的恢复决策优化都要解决该阶段的恢复选择与排程集成问题。在传统的选择问题研究中，采用 0—1 变量来表示选择决策，即是否维修受损路段。在传统的排程问题研究中，采用两种 0—1 变量来表示排程决策，第一种 0—1 变量表示工程队和待修复路段的对应关系，第二种 0—1 变量表示每个工程队所分配的待修复路段之间的修复先后顺序。上述两类问题均为 NP-hard 问题。显然，在解决公路网络灾后恢复决策优化问题时，如果同时采用上述三种 0—1 变量来表示恢复选择与排程集成决策，会极大地增加问题解决难度。因此，如何对选择与排程集成决策进行恰当的变量表示，并在此基础上建立相应的求解模型，是要解决的第二个难点。

3.2.3 刻画各恢复阶段特点

应急恢复阶段和全面恢复阶段需要重点保障和优先恢复的网络性能不同，因此两个阶段的公路网络用户选择行为也不尽相同。在交通优化问题的研究中，度量网络性能、刻画用户选择行为本身就是两个相对复杂的问题。因此，如何根据两个恢复阶段各自的特点，度量网络性能、刻画用户选择行为，并在此基础上分别建立公路网络应急恢复阶段决策优化模型和公路网络全面恢复阶段决策优化模型，是要解决的第三个难点。

3.3 公路网络灾后恢复决策优化问题的解决过程分析

基于上述分析可知，公路网络灾后恢复决策优化问题复杂，解决难度巨大。因此，本书采用循序渐进的方法解决此问题。首先，暂不考虑公路网络各恢复阶段特点和用户选择行为，提出基于弹复性的网络恢复选择与排程集成问题优化方法。该方法包括弹复性度量、基于弹复性的网络恢复选择与排程集成决策优化模型、求解算法三部分内容，重点解决如何度量恢复效果、如何制定恢复选择与排程集成决策这两个难点。

然后，分析公路网络应急恢复阶段的特点，将连通性作为公路网络应急恢复阶段重点恢复的性能指标，并给出度量方法，分析该阶段用户的路径选择行为、恢复工程的不确定性。在此基础上提出基于弹复性的公路网络应急恢复阶段决策优化方法。该方法建立的双层优化模型将基于弹复性的网络恢复选择与排程集成决策优化模型中的恢复目标改为公路网络应急恢复阶段恢复目标，作为上层模型；下层模型分析公路网络用户在上层决策下的行为反应。

最后，分析公路网络全面恢复阶段的特点，将路网容量作为公路网络全面恢复阶段重点恢复的性能指标，并给出度量方法，分析该阶段用户的出行目的地选择行为和路径选择行为。在此基础上提出基于弹复性的公路网络全面恢复阶段决策优化方法。该方法建立的三层优化模型，将基于弹复性的网络恢复选择与排程集成决策优化模型的恢复目标改为公路网络全面恢复阶段恢复目标，作为上层模型；中层模型求解上层决策下的路网容量恢复情况；下层模型分析公路网络用户在上层和中层决策下的行为反应。

上述三部分研究内容分别对应本书的第 4、第 5 和第 6 章，彼此间的逻辑关系如图 3.1 所示。研究内容（1）是基础，首先解决如何度量恢复效果及如何制定恢复选择与排程集成决策这两个难点。然后，针对如何刻画各恢复阶段特点这一难点，研究内容（2）和（3）分别分析公路网络应急恢复阶段和全面恢复阶段的特点，在研究内容（1）的基础上，分别提出基于弹复性的公路网络应急恢复阶段决策优化方法和基于弹复性的公路网络全面恢复阶段决策优化方法，共同解决了公路网络灾后恢复全过程的决策优化问题。从研究难度和研究方法上看，也遵循循序渐进的原则，研究内容（1）建立了单层优化模型，研究内容（2）和（3）根据具体问题将单层优化模型分别拓展为双层优化模型和三层优化模型。

```
单层优化模型
  ┌─────────────────────────────────────────────────────────┐
  │ 研究内容（1） 基于弹复性的网络恢复选择与排程集成问题优化方法 │
  │  ┌───────────────────────────────────────────────────┐  │
  │  │ 基于弹复性的网络恢复选择与排程集成决策优化模型    │  │
  │  │ • 度量恢复效果                                    │  │
  │  │ • 制定恢复选择与排程集成决策                      │  │
  │  └───────────────────────────────────────────────────┘  │
  └─────────────────────────────────────────────────────────┘
                              ↓
双层优化模型                                              应急恢复阶段
  ┌─────────────────────────────────────────────────────────┐
  │ 研究内容（2） 基于弹复性的公路网络应急恢复阶段决策优化方法 │
  │  ┌───────────────────────────────────────────────────┐  │
  │  │ 基于弹复性的公路网络应急恢复阶段决策双层优化模型  │  │
  │  │ • 上层：基于弹复性的网络恢复选择与排程集成优化模型│  │
  │  │ • 下层：带时间序列的用户均衡配流模型              │  │
  │  └───────────────────────────────────────────────────┘  │
  └─────────────────────────────────────────────────────────┘

三层优化模型                                              全面恢复阶段
  ┌─────────────────────────────────────────────────────────┐
  │ 研究内容（3） 基于弹复性的公路网络全面恢复阶段决策优化方法 │
  │  ┌───────────────────────────────────────────────────┐  │
  │  │ 基于弹复性的公路网络全面恢复阶段决策三层优化模型  │  │
  │  │ • 上层：基于弹复性的网络恢复选择与排程集成优化模型│  │
  │  │ • 中层：带时间序列的路网容量优化模型              │  │
  │  │ • 下层：带时间序列的均衡出行分布和交通配流组合模型│  │
  │  └───────────────────────────────────────────────────┘  │
  └─────────────────────────────────────────────────────────┘
方法和难度 ↓                                              时间 →
```

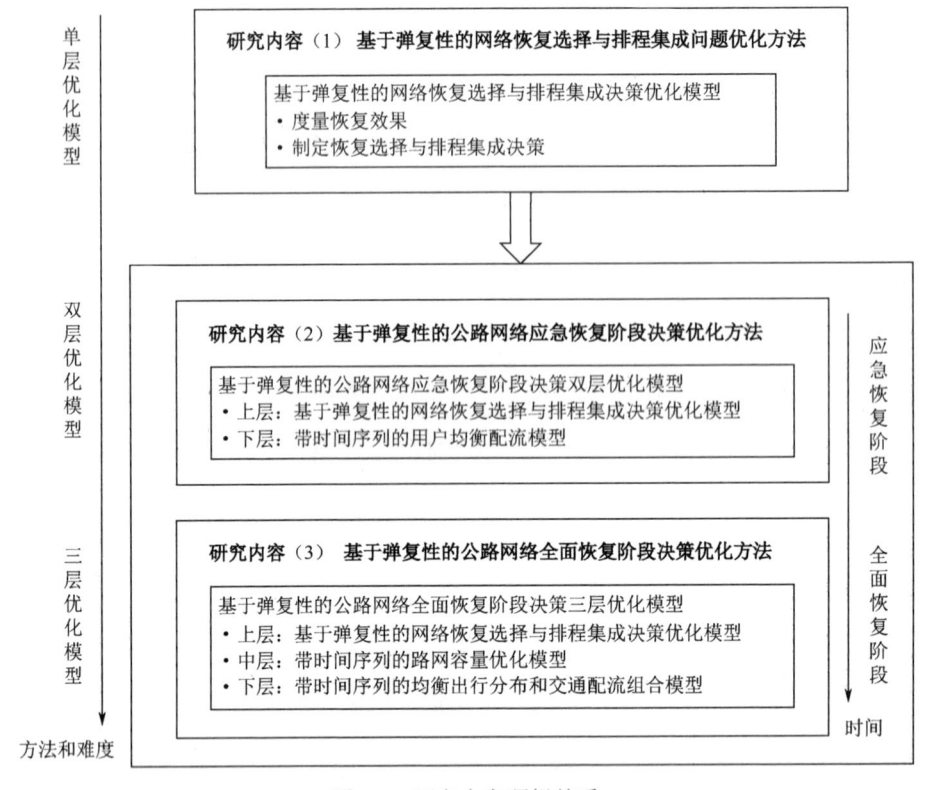

图 3.1　研究内容逻辑关系

3.4　本章小结

本章明确了本书的研究对象为公路网络，及其在研究中的抽象表达方式。将灾后恢复划分为应急恢复阶段和全面恢复阶段，在此基础上，将本书研究的公路网络灾后恢复决策优化问题界定为各恢复阶段的公路网络恢复选择与排程集成决策优化问题。分析出该决策优化问题的难点为如何度量恢复效果，如何制定恢复选择与排程集成决策，以及如何刻画各恢复阶段特点。最后给出了问题解决思路。

第 4 章

基于弹复性的网络恢复选择与排程集成问题优化方法

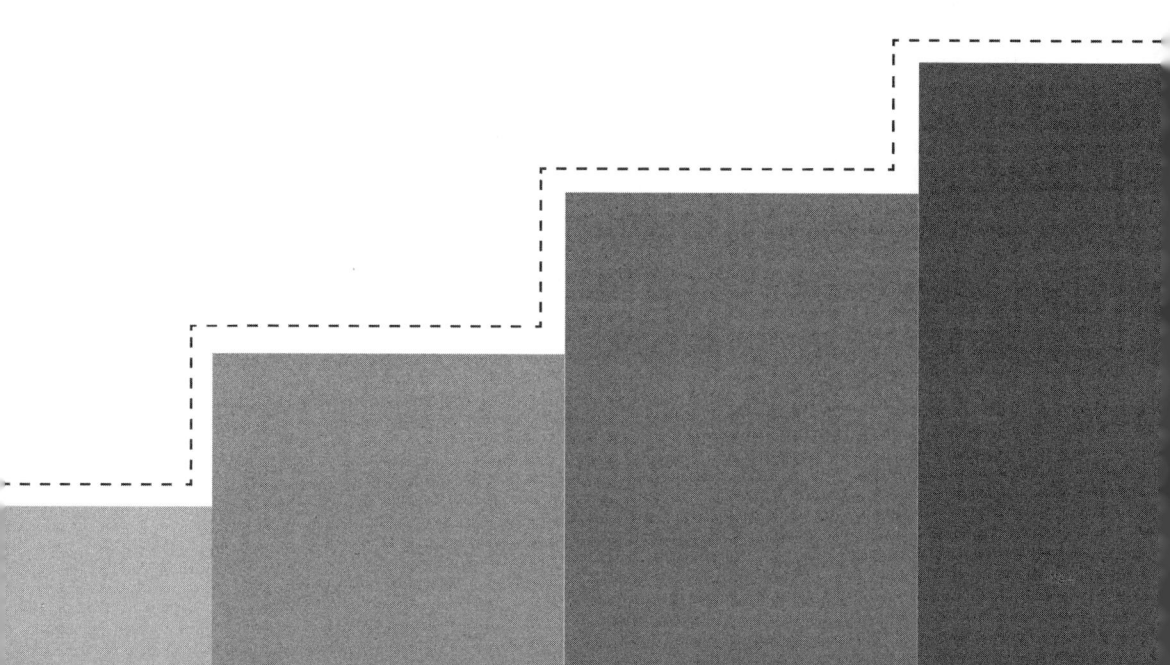

在不考虑公路网络各恢复阶段特点和用户选择行为的基础上，提出基于弹复性的网络恢复选择与排程集成问题优化方法，为后续进一步研究公路网络灾后恢复选择与排程集成问题打好基础。先对本章研究问题进行界定和描述，说明建立模型所需要的符号表达和假设条件。随后提出两个弹复性度量指标，分别从网络性能的恢复速度及恢复过程中网络性能的累计损失两方面来度量系统弹复性，以便更好地判断恢复决策的优劣。在此基础上，建立基于弹复性的网络恢复选择与排程集成决策优化模型，该模型能根据每个恢复阶段的恢复目标，同时确定该阶段最佳的待恢复边的组合以及这些边的最佳恢复时序，以使得网络弹复性最大化。在分析该模型的特点及拓展性的基础上，设计求解该模型的遗传算法（GA）。最后通过一个算例分析展示本章模型和算法的有效性。

4.1 问题分析

本章用一般化的无向图 $G=(N,A)$ 来表示研究对象经过抽象化后的网络拓扑结构图，其中，N 为节点集合，A 为边集合。图 4.1 展示了网络分阶段恢复过程中网络结构的变化情况。在 t_e 之前，网络 G 稳定运行，如图 4.1（a）所示。在 t_e 时刻，事故 e 发生，导致网络大规模受损，如图 4.1（b）所示，此时，虚线表示的边受到不同程度的损害，受此影响，网络各项性能均出现下降。大规模受损后的网络恢复需要分阶段进行，在不同的阶段，优先考虑的恢复目标（即重点关注的网络性能）不同，任务的紧迫性、可以利用的资金

基于弹复性的网络恢复选择与排程集成问题优化方法 | 第 4 章

(a) 初始时刻

网络G稳定运行至t_e时刻发生事故

(b) t_e

恢复阶段 I
重点关注网络性能$\varphi_\mathrm{I}(t)$
恢复措施X_I

(c) $t_e+D_{X_\mathrm{I}}$

恢复阶段 II
重点关注网络性能$\varphi_\mathrm{II}(t)$
恢复措施X_II

(d) $t_e+D_{X_\mathrm{I}}+D_{X_\mathrm{II}}$

……

(e) $t_e+D_{X_\mathrm{I}}+D_{X_\mathrm{II}}+D_{X\ldots}$

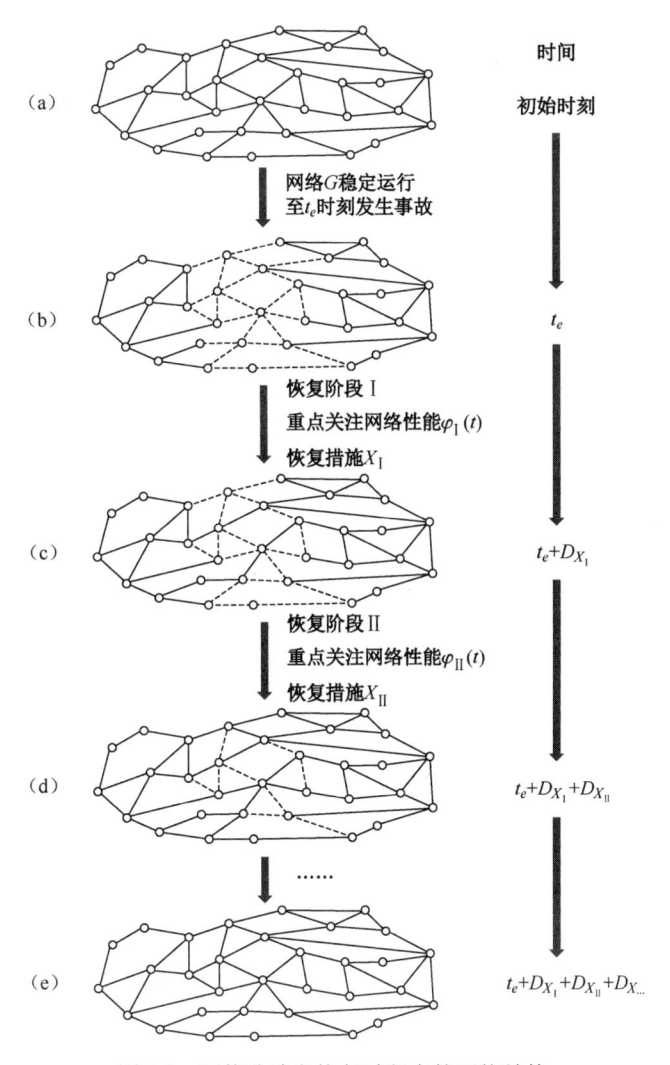

图 4.1　网络分阶段恢复过程中的网络结构

和资源等现实情况都不同。恢复阶段 I 开始于t_e时刻，该阶段重点关注网络性能$\varphi_\mathrm{I}(t)$的恢复，随着该阶段恢复措施X_I的实施，部分受损的边得到修复，相应地，$\varphi_\mathrm{I}(t)$逐步恢复，在$t_e+D_{X_\mathrm{I}}$时刻恢复到目标值，恢复阶段 I 结束，网络结构恢复到图 4.1（c）所示状态。随后进入恢复阶段 II，该阶段开始于$t_e+D_{X_\mathrm{I}}$时刻，重点关注网络性能$\varphi_\mathrm{II}(t)$的恢复，随着该阶段恢复措施X_II的实施，又

063

有一部分受损的边得到修复，相应地，$\varphi_{\mathrm{II}}(t)$ 逐步恢复，在 $t_e + D_{X_\mathrm{I}} + D_{X_\mathrm{II}}$ 时刻恢复到目标值，恢复阶段 II 结束，网络结构恢复到图 4.1（d）所示状态。后续恢复阶段与上述过程类似，直至网络完全恢复，如图 4.1（e）所示。图 4.2 展示了与之相对应的网络分阶段恢复过程中网络性能的恢复情况。每个阶段重点关注的网络性能不同，因此选取的网络性能度量指标也可能不同，如图 4.2 所示，各阶段的网络性能函数的曲线，如 $\varphi_\mathrm{I}(t)$ 和 $\varphi_\mathrm{II}(t)$，并不一定在 $t_e + D_{X_\mathrm{I}}$ 时刻光滑连接。根据实际情况，$\varphi_\mathrm{II}(t_e + D_X)$ 可能大于、小于或等于 $\varphi_\mathrm{I}(t_e + D_X)$。具体的恢复阶段如何划分，以及每个阶段重点关注的恢复目标如何确定，应当视实际情况而定。

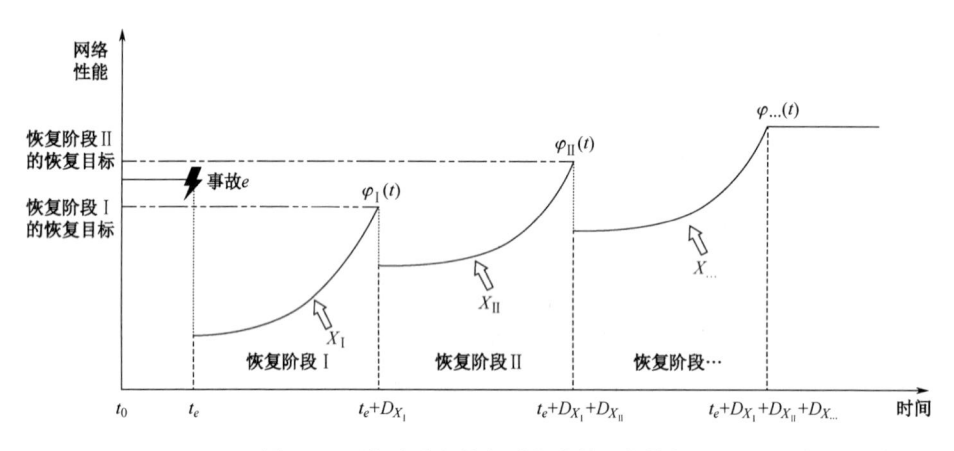

图 4.2　网络分阶段恢复过程中的网络性能

由上述分析可知，在确定每个阶段的恢复策略时，决策者需要根据该阶段重点关注的网络性能、任务的紧迫性、可以利用的资金和资源等约束，决定受损边的集合中哪些边是该阶段需要恢复的关键边，以及决定这些关键边的维修时序，从而使网络的恢复效果最佳。前者需要解决选择问题，后者需要解决排程问题，因此决策者面对的是一个选择与排程集成问题，也是本章要解决的问题。

4.2 符号说明和模型假设

4.2.1 符号说明

本章所建立的网络恢复选择与排程集成决策优化模型中的参数符号说明详见表 4.1。

表 4.1 符号说明

符号类别	符号表示	符号含义
集合	A	网络全部边的集合
	N	网络全部节点的集合
	B	当前恢复阶段网络中受损边的集合，$B \subseteq A$
参数	t_0	初始时刻，网络正常运行，事故尚未发生
	t_e	事故发生的时刻
	t_s	当前恢复阶段开始时刻
	l_a	边 a 的长度，$a \in A$
	$v_b^{t_e}$	受损边 b 的初始受损程度，$0 < v_b^{t_e} \leq 1$，$b \in B$
	$P_{\max}$	当前阶段恢复工程总成本预算，该预算受可调动资金的约束
	f_b	受损边 b 的恢复工程的固定成本，$b \in B$
	$N_{\max}$	当前恢复阶段能同时恢复的最大受损边的数量，本书中，假设每条边的恢复工程由一个工程队完成，因此该数量也表示工程队数量，该数量受可调动的人力、物力等资源限制
	$D_{\max}$	当前恢复阶段最大可接受的网络性能恢复时长
	Δt	固定时间步长，将网络性能转化为离散型，以便计算

续表

符号类别	符号表示	符号含义
参数	ρ	网络性能恢复目标，表示决策者期望的当前恢复阶段的系统性能恢复的程度，$0<\rho\leqslant 1$
	ε	偏好系数，表示决策者对两个弹复性优化目标的偏好程度
决策变量	x_b	受损边 b 开始恢复的时刻，$x_b=0$ 或 $x_b\geqslant t_s$，$b\in B$。$x_b=0$ 表示当前恢复阶段不对受损边 b 进行修复；$x_b\geqslant t_s$ 表示当前恢复阶段对受损边 b 进行修复，并且修复工作开始的时刻为 x_b
计算变量	X	向量 $X=(x_b)_{b\in B}$ 表示当前恢复阶段的恢复策略
	R_t	弹复性指标，从网络性能恢复速度度量弹复性
	R_v	弹复性指标，从网络性能累计损失度量弹复性
	$C_a^{t_0}$	未受损状态时的边的性能，$a\in A$。该性能可以是通行时间、容量、载荷等，视具体研究对象而定
	$C_a^{t_k}$	t_k 时刻的边的性能，$a\in A$
	$\varphi(t_0)$	未受损状态时的网络性能
	$\varphi(t_k)$	t_k 时刻的网络性能
	d_b	受损边 b 的恢复工程的持续时长，$b\in B$
	c_b	受损边 b 的恢复工程的成本，$b\in B$
	D_X	恢复策略 X 对应的网络性能恢复时长，表示从当前恢复阶段开始时刻 t_s 到网络性能恢复到目标值的时间间隔
	N^{t_k}	t_k 时刻，同时恢复的受损边的数量
	P_X	恢复策略 X 对应的总恢复成本
	$v_b^{t_k}$	t_k 时刻，受损边 b 的受损程度，$0\leqslant v_b^{t_k}\leqslant 1$，$b\in B$

4.2.2 模型假设

本章所建立的网络恢复选择与排程集成决策优化模型基本假设如下：

假设1：边 b 受损后，它的性能会受到影响，其他非受损的边性能则保持不变。边的性能可以是通行时间、容量、载荷等，视具体研究对象而定。

假设2：边的恢复时长与边的受损程度、边的长度成正比。该假设中边的长度也可以换成边的容量等其他边的特征指标，视具体研究对象而定。

假设3：事故发生后，网络性能立刻降低到最低点，然后随着恢复措施的开展逐步上升恢复。

假设4：受损边 b 的恢复工程结束前，它的受损程度 $v_b^{l_t}$ 保持为初始受损程度 $v_b^{l_t}$ 不变；受损边 b 的恢复工程结束后，$v_b^{l_t}$ 立刻变为0，这也意味着边 b 的性能可以立刻恢复到受损前的状态。

假设5：每条受损边的恢复工程由一个工程队完成，某条边的恢复工程开始后，工程队必须完成该条边的恢复工程后才能继续恢复下一条边。因此，该假设表示最大可用的工程队数量也为 $N_{\max}$。

4.3 弹复性度量

如前所述，决策者制定恢复策略的判断依据是恢复效果最佳。因此，如何定义恢复效果最佳成了首先要解决的问题。本书重点研究公路网络灾后恢复决策优化问题，而公路网络等基础设施受到的物理损害往往需要借助外界的恢复措施，因此，本书将网络弹复性定义为，事故发生后，在外界恢复措施的干预下，网络能够以恢复时间最短、恢复过程中网络性能累计损失最小的方式从受损的性能状态恢复到目标性能状态的能力。

下面进一步解释为什么要从恢复时间最短和累计损失最小两方面来定义弹复性。恢复时间最短，是为了保证网络能够以最快的速度恢复到目标性能状态。交通网络、供电网络、供水网络等一系列基础设施系统，是社会正常运行的基础。随着社会活动变得越发复杂，这些基础设施系统之间相互关联形成了所谓的关联网络，一旦某个网络局部受损，牵一发而动全身，会对整个网络产生影响。受损时间越长，带来的各种损失就会越大。因此，恢复时间最短是网络弹复性最重要的方面之一。

网络的恢复是一个持续的过程，恢复时间只是从恢复结果这一静态角度考虑网络弹复性，缺乏从动态视角对网络恢复过程的考察，也不能体现出所谓的对扰动的抵抗。实际上，为了保证社会运行的需求，即使在灾后的恢复过程中，大部分基础设置也是持续为社会公众提供服务的。在网络恢复的过程中，虽然网络性能伴随着各种恢复措施的实施而逐步提升，但始终还是低于事故发生前的水平，网络用户及各相关方也因为低水平的网络性能而承受着各种损失。不同的恢复措施会导致网络性能水平提升的程度和步伐不同，这就意味着损失的减少情况（即对扰动的抵抗）也不同，进而导致在恢复过程中的累计损失不同。从图4.3可以清晰地看出，图中的三条曲线代表不同恢复措施下网络性能的恢复轨迹。三条恢复曲线对应的恢复时间一样，但不同的曲线形状代表的网络性能的恢复过程是不一样的，这就导致恢复过程中网络性能的累积损失也不一样。很明显，在恢复时间相同的情况下，恢复曲线1的网络性能累积损失最小，恢复曲线2居中，恢复曲线3最大，三种恢复曲线对应的网络弹复性分别是恢复曲线1最大，恢复曲线2居中，恢复曲线3最小。所以，除了从静态角度考虑恢复时间的影响，弹复性定义还需从动态角度考虑恢复过程，体现累计损失最小的概念。

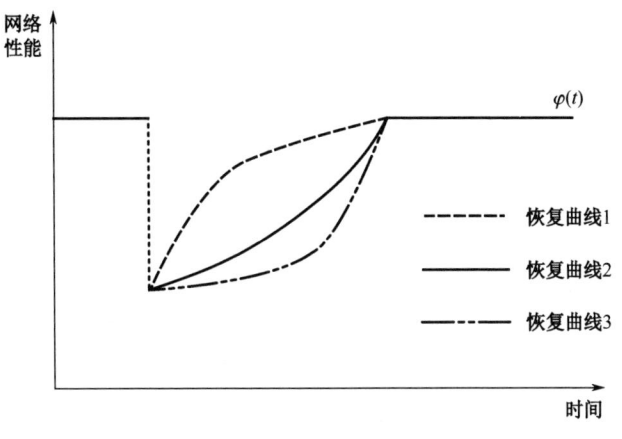

图 4.3　三种网络性能恢复曲线

基于上述分析，本书提出两个弹复性度量指标，分别从网络性能的恢复速度和恢复过程中网络性能的累积损失两方面度量网络的弹复性。

4.3.1　恢复速度弹复性

图 4.4 所示为某恢复阶段网络性能恢复过程中的弹复性。需要注意的是，为了展示方便，图中所示该阶段网络性能的恢复目标是受损前的状态 $\varphi(t_0)$。

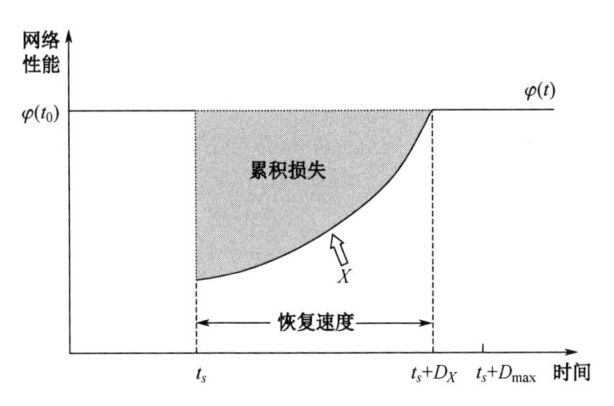

图 4.4　网络性能恢复过程中的弹复性

在实际恢复工作中，每个恢复阶段都并不一定要持续到网络性能恢复为 $\varphi(t_0)$ 时结束，恢复目标值可以小于、等于或大于 $\varphi(t_0)$，具体取值由决策者根据当前阶段的具体情况确定。

从图 4.4 中可以看出，虽然网络性能恢复时长 D_X 能够直接反应网络性能的恢复速度，但其度量的是特定网络在特定事故 e 发生情况下的恢复时长，对于不同的网络或者相同的网络面临不同事故的情况，D_X 并不具有可比性。因此，对 D_X 进行归一化处理，得到从恢复速度度量的弹复性指标为：

$$R_r = \begin{cases} 1 - D_X / D_{\max}, & \text{当} D_X \leqslant D_{\max} \text{时} \\ 0, & \text{当} D_X > D_{\max} \text{时} \end{cases} \tag{4.1}$$

该指标用来度量网络性能恢复的速度。由上式可知，$0 \leqslant R_r \leqslant 1$。$R_r$ 越大，网络性能的恢复速度越快，弹复性越好。当 $D_X = 0$ 时，即网络在受到干扰的时刻瞬间恢复，此时 $R_r = 1$，网络的恢复速度弹复性最大；当 $D_X > D_{\max}$ 时，即网络的恢复时长超过最大可接受恢复时长，此时 $R_r = 0$，网络的恢复速度弹复性最小。

4.3.2 累计损失弹复性

图 4.4 所示阴影部分的面积表示网络恢复过程中网络性能的累计损失，具体计算公式如下。

$$L = \int_{t_s}^{t_s + D_X} \left(\varphi(t_0) - \varphi(t) \right) \mathrm{d}t \tag{4.2}$$

L 的值越小，网络性能的累积损失越小，弹复性越好。但和网络性能恢复时长 D_X 类似，网络性能累积损失 L 度量的是特定网络在特定事故 e 发生情况下的累计损失,对于不同的网络或者相同的网络面临不同事故的情况,网络性能累积损失 L 并不具有可比性。而且,与 R_r 相反,L 值越小越好。因此,为分析方便,现对 L 进行归一化处理,得到从累计损失度量的弹复性指标。

$$R_v = 1 - \frac{\int_{t_s}^{t_s+D_X}(\varphi(t_0)-\varphi(t))\mathrm{d}t}{D_{\max} \times \varphi(t_0)} \approx 1 - \frac{\sum_{k=1}^{K}(\varphi(t_0)-\varphi(t_k)) \times \Delta t}{D_{\max} \times \varphi(t_0)} \quad (4.3)$$

其中,$t_1 < t_2 < \cdots < t_K$,$t_1 = t_s$,$t_K = t_s + D_X - \Delta t$,$t_{k+1} - t_k = \Delta t$。

R_v 越大,网络恢复过程中网络性能的累积损失越小,弹复性越好。对 $\forall t \in [t_e, +\infty)$,当 $\varphi(t) = \varphi(t_0)$ 时,即网络在事故发生后性能没有损失,此时 $R_v = 1$,网络的累计损失弹复性最大;对 $\forall t \in [t_e, +\infty)$,当 $\varphi(t) = 0$ 时,即网络性能彻底丧失且始终没有恢复,定义此时不存在 D_X,$R_v = 0$,网络的恢复速度弹复性最小。因此,$0 \leq R_v \leq 1$。

4.4 基于弹复性的网络恢复选择与排程集成决策优化模型

基于对网络分阶段恢复特点的分析和建立的弹复性度量指标,本节针对网络恢复选择与排程集成问题建立了一个非线性规划模型,目标函数是弹复性指标 R_r 和 R_v 最大化,决策变量是各受损边开始恢复的时刻 $X = (x_b)_{b \in B}$。模型具体如下:

$$\max R_r = \begin{cases} 1 - D_X / D_{\max}, & 当 D_X \leq D_{\max} 时 \\ 0, & 当 D_X > D_{\max} 时 \end{cases} \tag{4.4}$$

$$\max R_v = 1 - \frac{\sum_{k=1}^{K}(\varphi(t_0) - \varphi(t_k)) \times \Delta t}{D_{\max} \times \varphi(t_0)} \tag{4.5}$$

s.t.

$$t_1 = t_s, \quad t_K = t_s + D_X - \Delta t, \quad t_{k+1} - t_k = \Delta t \tag{4.6}$$

$$x_b = 0 \text{ 或 } x_b \geq t_s, \quad b \in B \tag{4.7}$$

$$d_b = m \times v_b^{t_e} \times l_b, \quad b \in B \tag{4.8}$$

$$c_b = f_b + n \times d_b, \quad b \in B \tag{4.9}$$

$$D_X = \max_{b \in B, x_b \neq 0}(x_b + d_b - t_s) \tag{4.10}$$

$$N^{t_k} = \sum_{b \in B, x_b \neq 0}[t_k \geq x_b][t_k \leq x_b + d_b] \leq N_{\max} \tag{4.11}$$

$$P_X = \sum_{b \in B} c_b \times [x_b > 0] \leq P_{\max} \tag{4.12}$$

$$v_b^{t_k} = v_b^{t_e} \times [t_k < x_b + d_b], \quad b \in B \tag{4.13}$$

$$C_a^{t_k} = C_a^{t_0}, \quad a \in A - B \tag{4.14}$$

$$C_b^{t_k} = C_b^{t_k}(C_b^{t_0}, v_b^{t_k}), \quad b \in B \tag{4.15}$$

$$\varphi(t_k) = \varphi\left(\left(C_a^{t_k}\right)_{a \in A}\right) \tag{4.16}$$

$$\varphi(t_s + D_X) \geq \rho \times \varphi(t_0) \tag{4.17}$$

其中，目标函数（4.4）和（4.5）表示最大化弹复性指标 R_r 和 R_v。约束条件（4.6）表示模型计算的离散时间集合。约束条件（4.7）给出决策变量 x_b 的取值范围。$x_b = 0$ 表示不对受损边 b 进行修复；$x_b \geq t_s$ 表示对受损边 b 进行修复，且修复工作开始的时刻为 x_b。通过这种设定，用一组决策变量就可以同时表示选择决策和排程决策，为解决选择与排程集成问题奠定基础。约束条件（4.8）表示受损边 b 的恢复工程持续时长 d_b。该时长与边长度 l_b 和受损程度 $v_b^{t_k}$ 成正比，m 是控制变量。约束条件（4.9）表示受损边 b 的恢复工程成本 c_b。该成本由固定成本 f_b 和可变成本 $n \times d_b$ 构成，可变成本与受损边的恢复工程持续时长 d_b 成正比，n 是控制变量。约束条件（4.10）表示恢复策略 X 对应的恢复时长 D_X。约束条件（4.11）表示同时恢复的受损边数量 N^{t_k} 不能超过工程队数量 $N_{\max}$。约束条件（4.12）表示当前恢复阶段的总工程成本 P_X 不能超过总成本预算 $P_{\max}$。约束条件（4.13）表示 t_k 时刻下受损边的受损程度。约束条件（4.11）至约束条件（4.13）中的 $[\cdot]$ 是判断函数，当 $\cdot$ 为真时，$[\cdot]=1$，否则 $[\cdot]=0$。约束条件（4.14）表示 t_k 时刻下未受损边的性能，该性能等于未受损状态时的边的性能，表示该边不受事故影响。约束条件（4.15）表示 t_k 时刻下受损边的性能，该性能与未受损时的性能和当前的受损程度有关，表示该边的性能受到事故影响。约束条件（4.16）表示 t_k 时刻下的网络性能，该性能与网络上所有边的性能有关。约束条件（4.17）表示网络性能的恢复目标，即恢复到不低于灾害发生前的网络性能的 ρ 倍。

4.5 模型分析

4.5.1 模型中的选择问题

在传统的关于选择问题的研究中，通常采用 0—1 变量来表示选择决策。但是，由于在本书研究的选择与排程集成问题上，还需要同时解决排程问题，传统的 0—1 变量显然不适合作为本书模型的决策变量。因此，在 4.4 节的模型中，如约束条件（4.7）所示，创新性地设计了决策变量的取值范围，通过判断决策变量 x_b 是否等于 0，来做出选择决策。

选择问题不涉及时间维度，一般也不考虑资源约束。因此，如果将 4.4 节模型中涉及时间维度的目标函数（4.4）和（4.5），最大化弹复性指标 R_r 和 R_v，改为与时间无关的目标函数，如最小化成本；将涉及时间维度的约束条件，如约束条件（4.6）、（4.8）、（4.10）、（4.13）等删除；将约束条件（4.7）中决策变量 x_b 改为 0—1 变量；将资源约束条件（4.11）删除，这样，原模型就变为单纯的选择问题模型。

4.5.2 模型中的排程问题

在 4.4 节的模型中，通过判断决策变量 x_b 是否等于 0，可以解决选择问题。而通过确定大于 0 的决策变量 x_b 的具体取值，就可以解决排程问题。实际上，如果将约束条件(4.7)中的条件 $x_b = 0$ 去掉，并删除与成本相关的约束条件(4.9)和（4.12），4.4 节的模型就变为一个单纯的排程问题模型。因此，正是通过对决策变量 x_b 取值范围的巧妙设计，使该模型能够表达网络恢复的选择与排程集成问题。

4.5.3 模型的拓展性

该模型具有良好的拓展性。例如，约束条件（4.8）假设受损边 b 的恢复工程持续时长 d_b 与边长度 l_b 和受损程度 $v_b^{l_c}$ 成正比；约束条件（4.9）假设受损

基于弹复性的网络恢复选择与排程集成问题优化方法 | 第 4 章

边 b 的恢复工程的可变成本与受损边的恢复工程持续时长 d_b 成正比,而在实际问题中,可能还会有其他因素影响受损边 b 的恢复工程的持续时长和可变成本。这时,可以通过在约束条件(4.8)和(4.9)中增加新的影响因素,或者调节约束条件(4.8)和(4.9)中的控制变量 m 和 n,在不改动模型结构和求解算法的情况下,就可以很容易地满足实际问题的需求。

约束条件(4.15)和(4.16),并没有给出边的性能和网络性能的具体计算公式。可以根据研究问题的实际需要,赋予约束条件(4.15)和(4.16)各种计算公式,进而解决不同的问题。如前所述,在解决公路网络恢复问题时,一个必须要考虑的重要问题就是预测恢复决策下公路网络用户的行为,但这会增加计算边的性能和网络性能的复杂性和难度,进而增加问题建模的复杂性和难度。将本章模型作为多层模型的上层模型,可以很容易将本章模型拓展到公路网络恢复问题的研究中,进而解决公路网络恢复决策中面临的复杂难题。具体的拓展方法和应用详见本书的第 5 章和第 6 章的内容。

4.6 求解算法

4.6.1 算法总流程

通过 4.5 节的分析可以看出,本章模型与排程问题模型类似,两者的区别在于:本章模型的决策变量 x_b 多了一种取值情况,即 $x_b = 0$,以便解决网络恢复的选择问题;另外,本章模型还多了成本约束条件(4.12)。去掉上述两个约束条件后得到的排程问题模型，本质上属于并行机调度问题模型，其中的工程队和受损边分别可视为并行机调度问题中的机器和工件。具有 NP-hard 问题特性的并行机调度问题仅需要求解工件的加工时序，而本章模型除了要求解受损边的恢复时序，还需确定最优的待恢复边的组合，因此求解难度更大。

关于并行机调度问题的研究已经比较成熟，因此，本章在传统的求解并行机调度问题的遗传算法（Genetic Algorithm，GA）的基础上，设计了一种新型的求解本章网络恢复选择与排程集成决策优化模型的 GA 算法，算法流程如图 4.5 所示。该算法先假设对所有的受损边都进行修复，采用传统并行机调度问题的 GA 算法对 x_b 进行编码，生成初始种群。对每一个染色体，以 t_s 为起点、Δt 为步长反复进行时间迭代。每一次迭代，计算所有受损边的恢复情况，记录已恢复的受损边，计算 $\varphi(t_k)$，直至 $\varphi(t_k) \geqslant \rho \times \varphi(t_0)$，时间迭代终止，记录此时的时点 $t_k = t_s + D_X$。然后根据记录的 D_X、各 $\varphi(t_k)$ 和已恢复的受损边，计算每个染色体对应的 R_r、R_v 和 P_X 值，进而计算适应度函数。接下来按照如下规则重新计算该染色体对应的恢复策略 $X = (x_b)_{b \in B}$：如果受损边 b 在前面的时间迭代中被记录为已恢复，那么 x_b 取在该染色体编码中对应的值，即 $x_b = x_b$，否则令 $x_b = 0$。

本算法区别于传统并行机调度问题 GA 算法的特殊之处就在于：本算法先假设对所有受损边都进行修复，然后再根据 $\varphi(t_k)$ 的恢复情况重新计算恢复策略 $X = (x_b)_{b \in B}$。通过这一改进，可以同时确定待恢复的受损边的组合及其恢复时序，也就是解决了选择与排程集成问题。

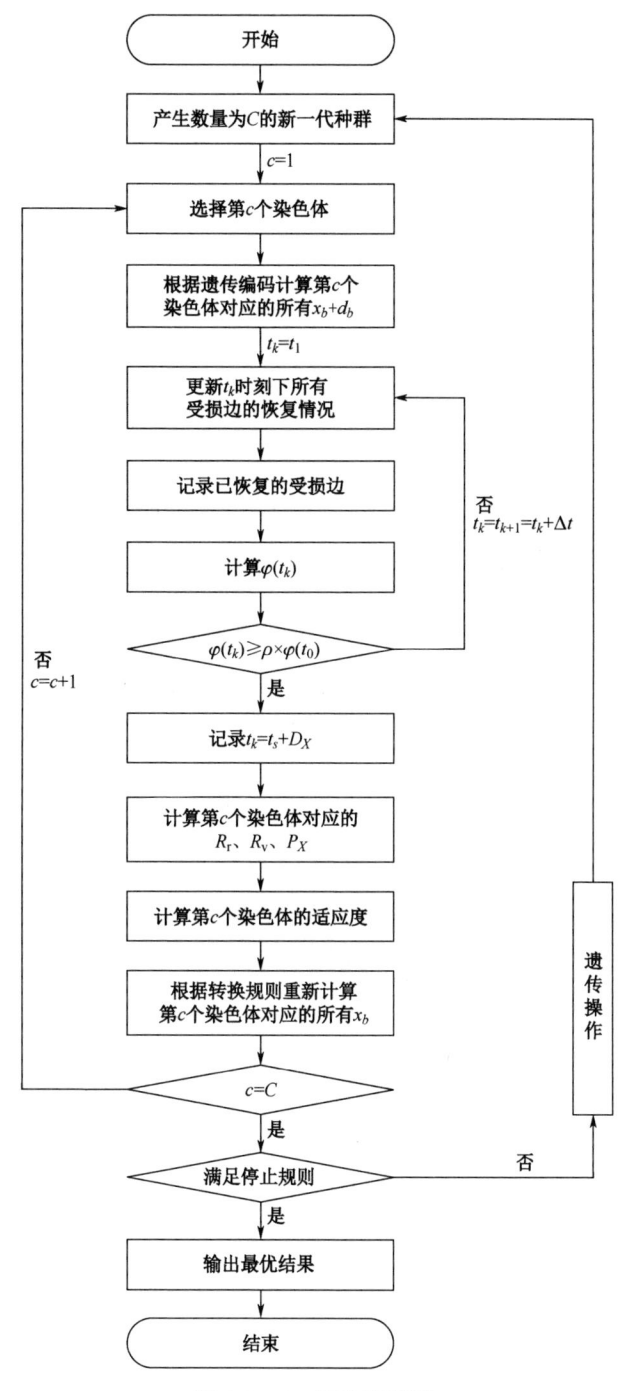

图 4.5 GA 算法流程图

4.6.2 算法关键步骤说明

1. 编码方式

本书采用尹文君等人设计的并行机调度问题 GA 算法中的向量组编码方式，对全部受损边的维修时序进行编码，每个染色体表示为：

$$Ch = \begin{bmatrix} g_1, g_2, \ldots, g_{|B|} \end{bmatrix} = \begin{bmatrix} b_1, b_2, \ldots, b_{|B|} \\ k_1, k_2, \ldots, k_{|B|} \end{bmatrix} \qquad (4.18)$$

其中，染色体长度等于受损边集合 B 中所有受损边的数量 $|B|$；每个基因采用二维向量 $g_i = \begin{bmatrix} b_i \\ k_i \end{bmatrix}$ 表示，b_i 为受损边的编号，k_i 为负责修复受损边 b_i 的工程队编号，$b_i \in B$，$k_i \in E$，E 是工程队集合，$|E| = N_{\max}$。

2. 初始种群生成方法

设定种群规模，初始种群中的每个染色体生成方法如下：
（1）随机排列受损边集合 B 中的所有边，得到 $\begin{bmatrix} b_1, b_2, \ldots, b_{|B|} \end{bmatrix}$ 作为染色体的第一行；
（2）对于每个受损边 b_i，随机选择工程队 $k_i \in E$，从而得到 $\begin{bmatrix} k_1, k_2, \ldots, k_{|B|} \end{bmatrix}$ 作为染色体的第二行。

假设现有受损边总数量为 10 个的受损边集合 $B = \{1, 2, \ldots, 10\}$，其中 1、2、…、10 分别为受损边的编号，有工程队总数量为 3 个的工程队集合 $E = \{1, 2, 3\}$，其中 1、2、3 分别为工程队的编号，图 4.6 给出了一个按照上述初始种群染色体生成方法得到的染色体。

$$\begin{bmatrix} 10 & 9 & 3 & 4 & 5 & 2 & 8 & 7 & 1 & 6 \\ 2 & 3 & 1 & 3 & 1 & 2 & 1 & 3 & 2 & 1 \end{bmatrix}$$

图 4.6 染色体生成示例

3. 染色体对应的受损边修复开工和完工时刻

对于每个染色体，采用如下步骤得到该染色体对应的所有受损边的修复开工和完工时刻。

（1）对染色体进行译码，得到所有受损边的维修时序，也就是根据基因 $g_i = \begin{bmatrix} b_i \\ k_i \end{bmatrix}$，将受损边 b_i 分配给工程队 k_i 维修，分配到同一工程队上的受损边，根据其在染色体中排列的位置从左到右依次修复，图 4.7 展示了图 4.6 中染色体的译码过程。

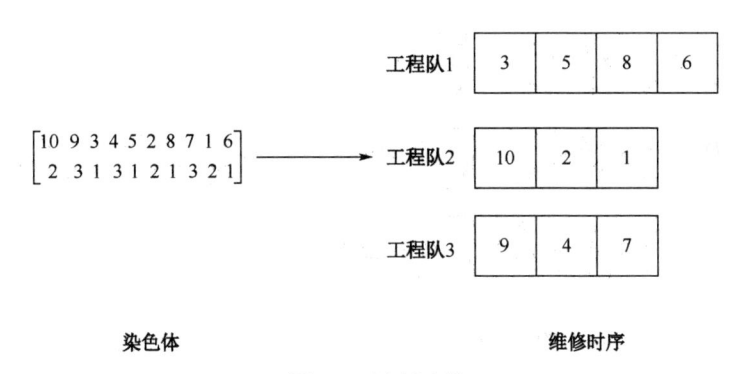

图 4.7 译码过程

（2）根据译码结果，将第 u 个工程队上第 w 个修复的受损边记为 $b_{u,w}$，则受损边 $b_{u,w}$ 的修复开工时刻为：

$$x_{b_{u,w}} = \begin{cases} t_s, & \text{当} w=1 \text{时} \\ t_s + \sum_{i=1}^{w-1} d_{b_{u,i}}, & \text{当} w>1 \text{时} \end{cases} \quad (4.19)$$

修复完工时刻为：

$$x_{b_{u,w}} + d_{b_{u,w}} = t_s + \sum_{i=1}^{w} d_{b_{u,i}} \qquad (4.20)$$

4. 遗传算子

采用尹文君等人设计的并行机调度问题 GA 算法中的遗传算子，具体如下。

（1）选择算子

采用精英保留策略的轮盘赌选择方式，将当前种群中适应度最高的个体保留到下一代种群中。

（2）交叉算子

将基因 $g_i = \begin{bmatrix} b_i \\ k_i \end{bmatrix}$ 中的第一行元素 b_i 定义为该基因的索引项，具体交叉方法如下：

第一步：在父代个体 1 和父代个体 2 中随机选择一段基因串，保证两个个体中基因串的起始位置相同。

第二步：将父代个体 2 复制到子代个体 1 中，然后删除子代个体 1 中与父代个体 1 的基因串索引项相同的基因，并标出删除操作之前子代个体 1 中与父代个体 1 的基因串第一个索引项相同的基因的位置 O。

第三步：将第一步中选中的父代个体 1 的基因串插入到子代个体 1 的位置 O 处，完成子代个体 1。

子代个体 2 的构造方法与子代个体 1 类似。

如图 4.8 所示，用一个包含 3 个工程队、8 条受损边的例子来说明如何进行交叉操作。如图 4.8（a）所示，在父代个体 1 和父代个体 2 中随机选择的基

因串分别为 $\begin{bmatrix} 5 & 2 & 8 & 7 \\ 1 & 2 & 1 & 3 \end{bmatrix}$ 和 $\begin{bmatrix} 6 & 7 & 3 & 5 \\ 2 & 1 & 3 & 2 \end{bmatrix}$。然后，如图 4.8（b）所示，将父代个体 2 复制到子代个体 1 中，然后删除子代个体 1 中索引项为 5、2、8、7 的基因，并将子代个体 1 中索引项为 5 的基因位置标记为 O；将父代个体 1 复制到子代个体 2 中，然后删除子代个体 2 中索引项为 6、7、3、5 的基因，并将子代个体 2 中索引项为 6 的基因位置标记为 O。最后，如图 4.8（c）所示，将父代个体 1 的基因串 $\begin{bmatrix} 5 & 2 & 8 & 7 \\ 1 & 2 & 1 & 3 \end{bmatrix}$ 插入到子代个体 1 中的标记位置 O 处，将父代个体 2 的基因串 $\begin{bmatrix} 6 & 7 & 3 & 5 \\ 2 & 1 & 3 & 2 \end{bmatrix}$ 插入到子代个体 2 中的标记位置 O 处，即可得到新的子代个体 1 和 2。

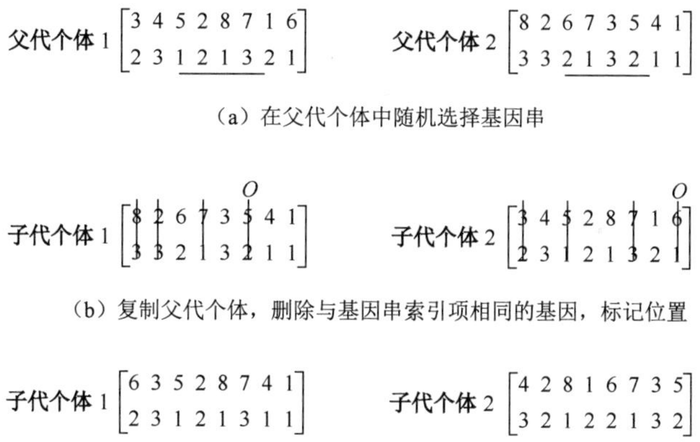

父代个体 1 $\begin{bmatrix} 3 & 4 & 5 & 2 & 8 & 7 & 1 & 6 \\ 2 & 3 & 1 & 2 & 1 & 3 & 2 & 1 \end{bmatrix}$ 父代个体 2 $\begin{bmatrix} 8 & 2 & 6 & 7 & 3 & 5 & 4 & 1 \\ 3 & 3 & 2 & 1 & 3 & 2 & 1 & 1 \end{bmatrix}$

（a）在父代个体中随机选择基因串

子代个体 1 $\begin{bmatrix} 8 & 2 & 6 & 7 & 3 & 5 & 4 & 1 \\ 3 & 3 & 2 & 1 & 3 & 2 & 1 & 1 \end{bmatrix}$ 子代个体 2 $\begin{bmatrix} 3 & 4 & 5 & 2 & 8 & 7 & 1 & 6 \\ 2 & 3 & 1 & 2 & 1 & 3 & 2 & 1 \end{bmatrix}$

（b）复制父代个体，删除与基因串索引项相同的基因，标记位置

子代个体 1 $\begin{bmatrix} 6 & 3 & 5 & 2 & 8 & 7 & 4 & 1 \\ 2 & 3 & 1 & 2 & 1 & 3 & 1 & 1 \end{bmatrix}$ 子代个体 2 $\begin{bmatrix} 4 & 2 & 8 & 1 & 6 & 7 & 3 & 5 \\ 3 & 2 & 1 & 2 & 2 & 1 & 3 & 2 \end{bmatrix}$

（c）将父代个体基因串插入子代个体标记位置处

图 4.8　交叉算子示例

（3）变异算子

变异算子采用位变异和交换变异相结合的方法。

位变异：仅对染色体中基因的第二行进行变异操作。先根据位变异概率选择变异染色体，然后随机选择染色体中的一个基因 $g_i = \begin{bmatrix} b_i \\ k_i \end{bmatrix}$，再从工程队集

合 E 中随机选择一个不等于 k_i 的新工程队 k_j 来替代 $\boldsymbol{g}_i$ 中的工程队 k_i，得到变异后的染色体。

交换变异：染色体中基因的两行均进行变异操作。先根据交换变异概率选择变异染色体，然后随机选择染色体中的两个基因 $\boldsymbol{g}_i = \begin{bmatrix} b_i \\ k_i \end{bmatrix}$ 和 $\boldsymbol{g}_j = \begin{bmatrix} b_j \\ k_j \end{bmatrix}$，再交换两个基因的位置，得到变异后的染色体。

位变异主要改变某个受损边对应的工程队，而交换变异则不改变受损边对应的工程队，主要改变受损边的维修顺序，两者结合能够保证种群的多样性。

用一个包含3个工程队、8条受损边的例子，在图4.9和图4.10中分别说明如何进行位变异操作和交换变异操作。图4.9（a）是一个根据位变异概率选出的染色体，图4.9（b）中标出了随机选择的一个基因 $\begin{bmatrix} 5 \\ 1 \end{bmatrix}$，将该基因中的工程队1随机替换为新的工程队3，即可得到图4.9（c）中所示的完成位变异后的新染色体。图4.10（a）是一个根据交换变异概率选出的染色体，图4.10（b）中标出了随机选择的两个基因 $\begin{bmatrix} 6 \\ 2 \end{bmatrix}$ 和 $\begin{bmatrix} 4 \\ 1 \end{bmatrix}$，将这两个基因交换位置，即可得到图4.10（c）中所示的完成交换变异后的新染色体。

$$\begin{bmatrix} 3 & 4 & 5 & 2 & 8 & 7 & 1 & 6 \\ 2 & 3 & 1 & 2 & 1 & 3 & 2 & 1 \end{bmatrix} \quad \begin{bmatrix} 3 & 4 & 5 & 2 & 8 & 7 & 1 & 6 \\ 2 & 3 & 1 & 2 & 1 & 3 & 2 & 1 \end{bmatrix} \quad \begin{bmatrix} 3 & 4 & 5 & 2 & 8 & 7 & 1 & 6 \\ 2 & 3 & 3 & 2 & 1 & 3 & 2 & 1 \end{bmatrix}$$

　　　　　　（a）　　　　　　　　（b）　　　　　　　　（c）

图 4.9　位变异示例

$$\begin{bmatrix} 8 & 2 & 6 & 7 & 3 & 5 & 4 & 1 \\ 3 & 3 & 2 & 1 & 3 & 2 & 1 & 1 \end{bmatrix} \quad \begin{bmatrix} 8 & 2 & 6 & 7 & 3 & 5 & 4 & 1 \\ 3 & 3 & 2 & 1 & 3 & 2 & 1 & 1 \end{bmatrix} \quad \begin{bmatrix} 8 & 2 & 4 & 7 & 3 & 5 & 6 & 1 \\ 3 & 3 & 1 & 1 & 3 & 2 & 2 & 1 \end{bmatrix}$$

　　　　　　（a）　　　　　　　　（b）　　　　　　　　（c）

图 4.10　交换变异示例

5. 适应度函数

本模型的目标函数是两个弹复性度量指标 R_r 和 R_v 最大化，因此，R_r 和 R_v 的值越大，个体的适应度越好。同时，考虑成本预算的约束，需要在适应度函数中引入惩罚函数。因此，本书设计的适应度函数如下：

$$F_c = \varepsilon R_r + (1-\varepsilon) R_v - I_c \quad (4.21)$$

其中，ε 为偏好系数，表示决策者对两个弹复性优化目标的偏好程度；I_c 为第 c 个染色体的惩罚函数，具体计算公式如下：

$$I_c = \begin{cases} 0, & \text{当}\,P_c \leq P_{\max}\,\text{时} \\ \dfrac{P_c - P_{\max}}{2 \times \max\limits_{i}(P_i - P_{\max})}, & \text{当}\,P_c > P_{\max}\,\text{时} \end{cases} \quad (4.22)$$

其中，$P_c = \sum_{b \in B} p_b \times [x_b > 0]$ 为第 c 个染色体对应的恢复策略的成本。

4.7 算例分析

本节用一个算例来说明如何使用本章模型和算法解决网络恢复的选择与排程集成问题，并展示本章所提出方法的有效性。本书全部实验的算法均采用 Java 语言编写，实验所用电脑配置如下：Intel i7-7700 处理器（3.60GHz），8G 内存，Windows 10 操作系统。

4.7.1 实验设计及参数设置

图 4.11 为一个无向网络图,包含 33 个点和 64 条边。其中,节点 1、4、9、13、17、24、25、27 之间互相有流量传输,流量值见表 4.2。每条边的长度和传输时间见表 4.3。上述节点间的流量沿着节点间的最短路段(传输时间最短)传输。假设事故导致网络中的 30 条边受损,见图 4.11 中虚线边,每条受损边的受损程度和修复工程的固定成本见表 4.4。完全受损的边($v_b^k = 1$)在修复前不能使用;部分受损的边($v_b^k \neq 1$)可以使用,但传输时间延长,具体延长程度见公式(4.24)。受此影响,节点间的流量传输时间无法得到保障。

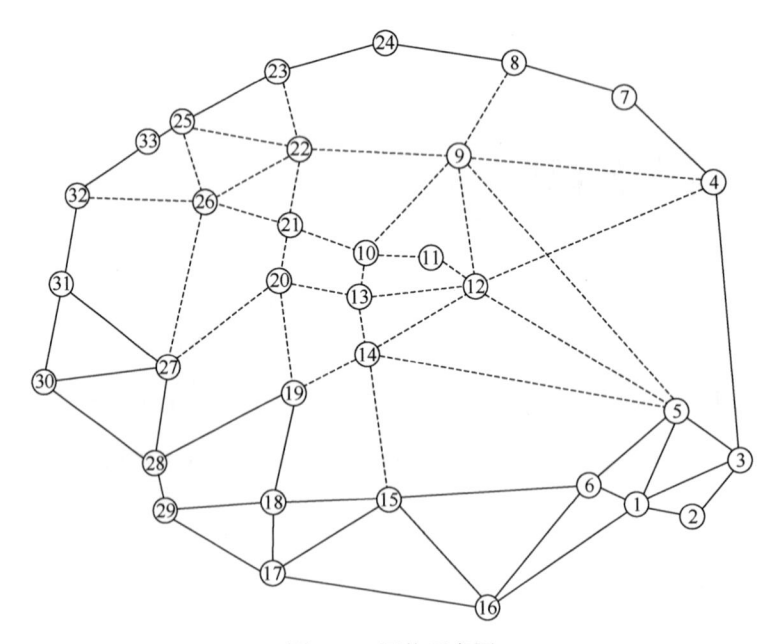

图 4.11 网络示意图

表 4.2 节点对间的传输流量

节点对	流量	节点对	流量	节点对	流量	节点对	流量
1, 4	1000	4, 9	1600	9, 17	1000	13, 27	1600
1, 9	1200	4, 13	1600	9, 24	1200	17, 24	500
1, 13	1200	4, 17	800	9, 25	1200	17, 25	500
1, 17	700	4, 24	1000	9, 27	1600	17, 27	1000
1, 24	500	4, 25	1000	13, 17	1200	24, 25	800
1, 25	500	4, 27	1400	13, 24	1200	24, 27	1000
1, 27	1000	9, 13	2000	13, 25	1200	25, 27	1000

表 4.3 边的长度和传输时间

编号	端点1	端点2	长度	传输时间	编号	端点1	端点2	长度	传输时间
1	1	2	1.74	35	33	15	17	6.52	130
2	1	3	4.37	87	34	15	18	3.91	78
3	1	5	6.15	123	35	16	1	8.10	139
4	1	6	1.96	39	36	16	17	9.40	161
5	2	3	2.80	56	37	17	18	3.39	68
6	3	4	10.56	181	38	17	29	8.87	177
7	3	5	5.24	105	39	18	19	4.01	80
8	4	7	6.37	109	40	18	29	5.02	100
9	4	9	15.75	270	41	19	20	4.75	95
10	4	12	15.14	260	42	19	28	8.88	178
11	5	6	3.22	64	43	20	21	2.81	56
12	5	9	18.35	315	44	20	27	8.47	169
13	5	12	10.72	184	45	21	22	3.43	69
14	6	15	8.33	143	46	21	26	3.24	39
15	6	16	7.33	126	47	22	23	5.33	107
16	7	8	6.02	103	48	22	25	6.35	127
17	8	9	5.01	100	49	22	26	5.18	104
18	9	10	5.81	116	50	23	24	3.62	72

续表

编号	端点1	端点2	长度	传输时间	编号	端点1	端点2	长度	传输时间
19	9	12	6.21	124	51	23	25	4.42	88
20	9	22	5.51	110	52	24	8	3.69	63
21	10	11	0.54	13	53	25	26	4.49	90
22	10	13	1.26	30	54	25	33	3.25	65
23	10	21	1.20	14	55	26	27	8.52	146
24	11	12	2.09	50	56	26	32	5.18	62
25	12	13	3.88	78	57	27	28	5.30	91
26	12	14	6.21	124	58	27	30	5.61	96
27	13	14	2.11	42	59	27	31	5.44	93
28	13	20	2.40	48	60	28	29	2.15	37
29	14	5	11.99	206	61	28	30	9.33	187
30	14	15	10.89	187	62	30	31	5.96	102
31	14	19	3.47	69	63	31	32	4.95	85
32	15	16	5.44	93	64	32	33	5.02	86

表4.4 受损边的受损程度和修复工程的固定成本

编号	受损程度	固定成本	编号	受损程度	固定成本	编号	受损程度	固定成本
9	0.5	170	23	1	100	43	1	80
10	0.5	170	24	1	80	44	1	120
12	0.5	190	25	1	110	45	1	130
13	0.5	150	26	1	120	46	1	120
17	0.5	140	27	1	130	47	1	120
18	1	120	28	1	110	48	1	120
19	1	90	29	0.5	140	49	1	120
20	1	130	30	0.5	140	53	1	120
21	1	80	31	1	120	55	0.5	180
22	1	110	41	1	90	56	0.5	150

假设在当前恢复阶段，决策者最关心的问题是节点间的流量传输是否能够得到有效保障，希望能够优先恢复部分受损边，使得到有效保障的节点对 w 之间的传输流量之和达到总传输流量之和的 90%，即 $\rho = 90\%$。针对该问题，将 4.4 节的网络恢复选择与排程集成策略优化模型中的约束条件（4.14）至约束条件（4.16）分别具体表示为：

$$C_a^{t_k} = z_a^{t_0}, \ a \in A - B \tag{4.23}$$

$$C_b^{t_k} = \begin{cases} \dfrac{z_b^{t_0}}{1 - v_b^{t_k}}, \text{当} v_b^{t_k} \neq 1 \text{时} \\ +\infty, \text{当} v_b^{t_k} = 1 \text{时} \end{cases}, \ b \in B \tag{4.24}$$

$$\varphi(t_k) = \sum_{w \in W} q_w \times \gamma_w^{t_k} \tag{4.25}$$

其中，约束条件（4.23）表示 t_k 时刻下未受损边的传输时间，该传输时间等于未受损状态时边的传输时间 $z_a^{t_0}$。约束条件（4.24）表示 t_k 时刻下受损边的传输时间。约束条件（4.25）表示 t_k 时刻下的网络性能，即得到有效保障的节点对 w 的传输流量 q_w 之和。$\gamma_w^{t_k} = \begin{cases} 1, \text{当} z_w^{t_k} \leq \tau \times z_w^{t_0} \text{时} \\ 0, \text{当} z_w^{t_k} > \tau \times z_w^{t_0} \text{时} \end{cases}$，表示 t_k 时刻节点对 w 的流量传输是否得到有效保障。其中，$z_w^{t_k}$ 和 $z_w^{t_0}$ 分别表示 t_k 时刻和事故发生前节点对 w 之间最短路的传输时间；τ 是传输时间容忍系数，如果 $z_w^{t_k} \leq \tau z_w^{t_0}$，则 $\gamma_w^{t_k} = 1$，表示 t_k 时刻节点对 w 之间的传输时间可以接受，流量传输能够得到有效保障；如果 $z_w^{t_k} > \tau z_w^{t_0}$，则 $\gamma_w^{t_k} = 0$，表示 t_k 时刻节点对 w 之间的传输时间过长，不可接受，流量传输不能得到有效保障。模型其他约束条件不变，模型中其他参数取值如下：$t_s = $ 第 30 天，$N_{\max} = 3$ 个，$P_{\max} = 1500$ 单位资金，$D_{\max} = 150$ 天，$\tau = 1.5$，$m = 5$，$n = 2$，$\Delta t = 1$ 天，$\varepsilon = 0.5$，$\rho = 0.9$。

4.7.2 实验结果

根据实验数据，通过多次调节，设定算法参数最佳取值如下：种群规模=200，迭代次数=100，交叉概率=0.7，位变异概率=0.05，交换变异概率=0.05。采用本章模型和算法求得的最优恢复策略，即选择和排程结果，如图 4.12 所示。图 4.12（a）为待修复的受损边的修复开工和结束时间，每条边对应的横条长度及里面的数字表示该条边的修复时长。图 4.12（b）为各工程队修复工作序列安排，每个横条中的两个数字分别表示待修复的受损边的编号和该条边的修复时长，从左到右的顺序为该条边在该工程队工作序列中的顺序。该最优策略的成本 P_X、恢复时长 D_X、弹复性指标 R_r 和 R_v 见表 4.5。

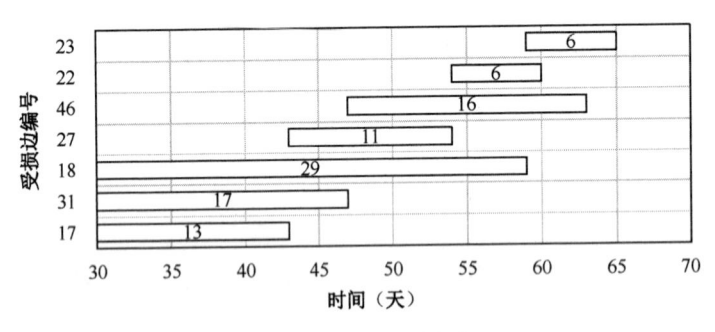

（a）受损边修复时序安排

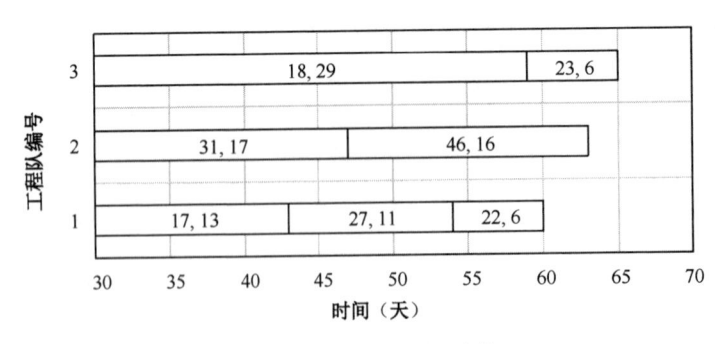

（b）工程队修复工作序列安排

图 4.12　最优恢复策略

表 4.5　最优恢复策略的恢复结果

指标	弹复性指标 R_r	弹复性指标 R_v	总恢复成本 P_X	总恢复时长 D_X
结果	0.7667	0.9145	1036	35

4.7.3　模型算法有效性分析

为了验证本章模型算法的有效性，首先，将图 4.12 中的最优恢复策略和一组经验性恢复策略的恢复效果进行比对；然后，分别变更总成本预算 P_{max}、工程队数量 N_{max}、网络性能恢复目标 ρ 和传输时间容忍系数 τ 的取值，检验模型算法是否仍然能够得到最优恢复策略。

1. 经验性恢复策略

表 4.6 列出了各受损边在事故发生前的介数。边的介数（Betweenness）表示为经过该条边的所有节点对之间最短路的数量，是一种用来度量边的重要性的常用指标。在多条边受损的情况下，经验性策略通常根据边的重要性来确定恢复顺序。本算例中节点对之间的流量选择沿着节点间的最短路传输，因此，根据表 4.6 中数据可以得到一组模拟的经验性恢复策略，如图 4.13 所示为介数优先恢复策略，表示按边的介数从大到小排序恢复，介数相同的情况下优先恢复维修时间较短的边。

表 4.6　受损边在事故发生前的介数

编号	介数	编号	介数	编号	介数	编号	介数	编号	介数
9	1	19	2	25	2	31	2	47	2
10	2	20	1	26	0	41	2	48	1

续表

编号	介数	编号	介数	编号	介数	编号	介数	编号	介数
12	0	21	1	27	3	43	2	49	0
13	3	22	5	28	3	44	3	53	5
17	2	23	3	29	1	45	2	55	2
18	3	24	1	30	0	46	3	56	0

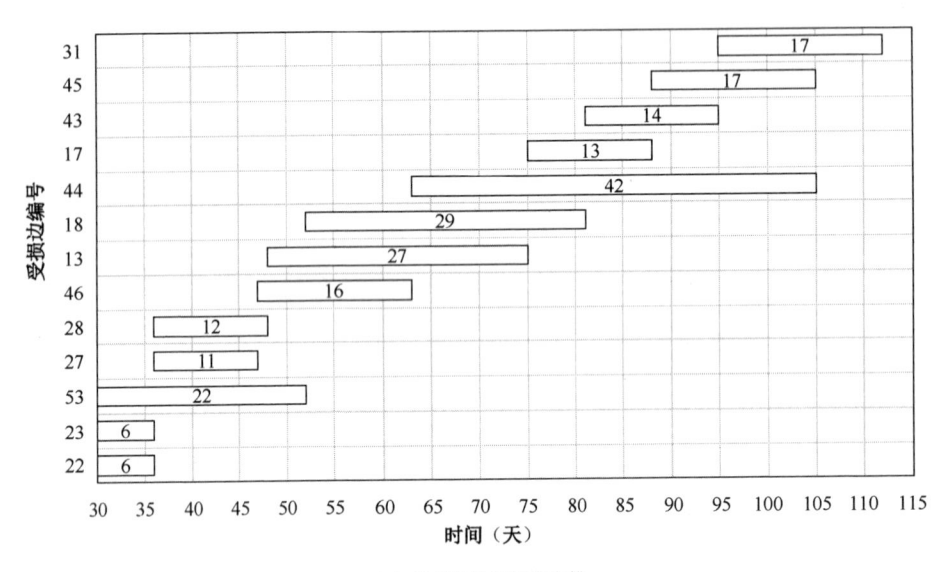

(a) 受损边修复时序安排

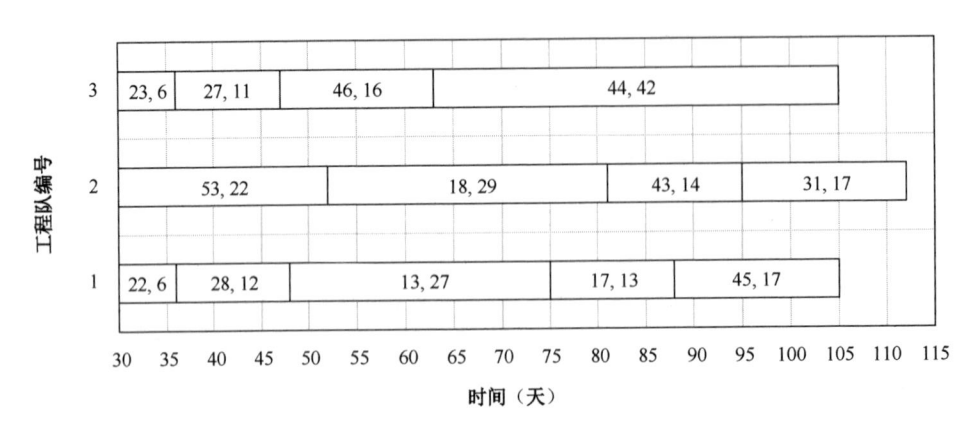

(b) 工程队修复工作序列安排

图 4.13 介数优先恢复策略

表 4.7　两种策略的恢复结果

恢复结果	最优恢复策略	介数优先恢复策略
弹复性指标 R_r	0.7667	0.4533
弹复性指标 R_v	0.9145	0.7710
总恢复成本 P_X	1036	2014
总恢复时长 D_X	35	82
需要恢复的受损边数量	7	13

表 4.7 为最优恢复策略和介数优先恢复策略的恢复结果。最优恢复策略仅需要恢复 7 条受损边就可以达到恢复目标值，决策效果从各方面都明显优于介数优先恢复策略；介数优先恢复策略则需要恢复 13 条受损边，导致恢复时长、累积损失都较高，且恢复成本超出成本预算。显然，仅凭受损边的重要性指标并不能做出有效的恢复决策。最优恢复策略的恢复效果明显优于经验性恢复策略的恢复效果。

2. 变更模型参数取值

其他参数取值不变，变更总成本预算 P_{max}、工程队数量 N_{max}、网络性能恢复目标 ρ 和传输时间容忍系数 τ 的取值，得到表 4.8 所示的四组对应的最优恢复策略。实际恢复工作中可能面临不同的约束情况，对应于不同的参数取值，可以看到，本章的算法模型仍然能够给出最优的恢复策略。尤其是第四种情况，当 $\tau=1.2$ 时，由于传输时间容忍系数较低，需要恢复的受损边较多，因此，总成本预算 $P_{max}=1500$ 无法满足需求，算法给出了超出成本预算的最优恢复策略。

表 4.8 不同参数取值下的最优恢复策略及其恢复结果

参数取值		最优恢复策略	恢复结果			
			R_r	R_v	P_X	D_X
4.7.1 节参数取值		工程队 1：17、27、22 工程队 2：31、46 工程队 3：18、23	0.7667	0.9145	1036	35
参数变化	$P_{max}=1000$	工程队 1：17、22、41 工程队 2：18、28 工程队 3：44	0.7133	0.8891	942	43
	$N_{max}=2$	工程队 1：18、23、46 工程队 2：22、27、17、31	0.6600	0.8705	1036	51
	$\rho=0.8$	工程队 1：17、27 工程队 2：18 工程队 3：22、31	0.8067	0.9251	772	29
	$\tau=1.2$	工程队 1：17、55、24、27 工程队 2：18、53、31 工程队 3：22、21、46、23、13	0.5467	0.7944	1812	68

4.8 本章小结

本章研究了未考虑公路网络各恢复阶段特点和用户选择行为的网络恢复

选择与排程集成问题，该问题要求决策者根据每个恢复阶段重点关注的网络性能、任务的紧迫性、可以利用的资金和资源等约束，同时决定受损边的集合中哪些边是该阶段需要恢复的关键边，以及这些关键边的维修时序，从而使网络的恢复效果最佳。为了解决这一问题，首先提出了两个弹复性度量指标，分别从网络性能的恢复速度和恢复过程中网络性能的累计损失两方面度量网络的弹复性。然后，建立了基于弹复性的网络恢复选择与排程集成决策优化模型，并针对该模型特点设计了相应的 GA 算法。最后，通过一个算例分析，展示如何利用本章模型和算法制定网络恢复选择与排程集成决策，并验证了本章模型和算法的有效性。

第 5 章

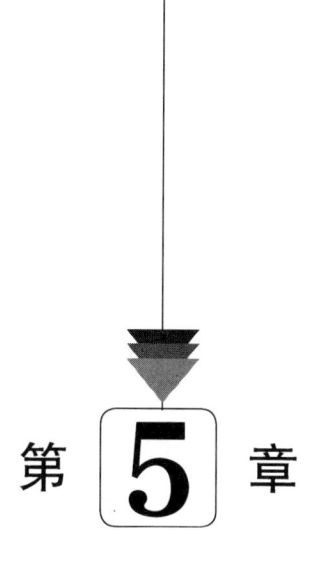

基于弹复性的公路网络应急恢复阶段决策优化方法

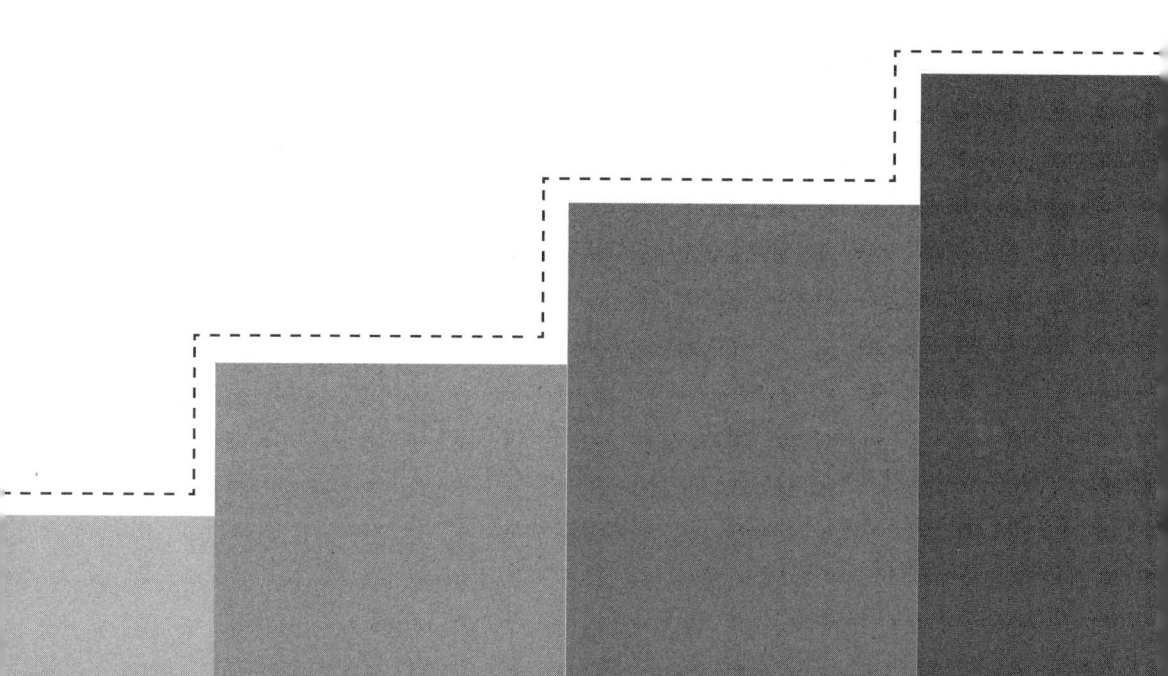

在第 4 章的研究基础上，针对公路网络自身特点及应急恢复阶段的需求，本章将连通性作为应急恢复阶段公路网络的性能指标，研究公路网络应急恢复阶段决策优化问题。首先对本章研究问题进行界定和描述，说明建立模型所需要的符号表达和假设条件。随后给出应急恢复阶段公路网络连通性的度量方法，并分别针对确定性环境和随机环境，建立基于弹复性的公路网络应急恢复阶段决策双层优化模型，设计双层模型的求解算法。最后通过某区域货运道路网络来验证本章模型和算法的有效性，并分析了不同资源、资金、通行时间容忍系数、决策者偏好约束对恢复策略的影响，并给出了相应的管理启示和决策建议。

5.1 问题分析

对于公路网络，恢复其必要的连通性是应急恢复阶段的首要任务，这样才能保障物资输送和后续重建工作的顺利进行。为了实现这一目标，决策者需要在众多受损路段中确定部分优先恢复路段以及这部分路段的恢复时序，这本质上也是一个网络恢复选择与排程集成问题。但是，与第 4 章的网络恢复选择与排程集成问题相比，该问题有以下三点不同。

（1）考虑公路网络连通性。连通性是应急恢复阶段首要考虑的公路网络性能。如何根据公路网络和应急恢复阶段的特点，选择有针对性的连通性度量方法，是本章首先要解决的问题。

（2）考虑公路网络用户的路径选择行为。大部分关于交通网络恢复决策

基于弹复性的公路网络应急恢复阶段决策优化方法 第5章

的研究是从系统层面出发，寻求系统最优。这种思路忽略了用户的路径自主选择行为，或者假设所有用户的行为均服从系统最优的指令。实际上，作为交通网络流的构成主体，人们具有主观能动性和自适应性，会自主选择路径以便最大化自己的效用。这是交通网络与其他供电、供水、通信等基础设施网络的最大区别之一。因此，制定恢复决策时需要充分考虑用户对决策的反应，也就是同时考虑系统最优和用户路径选择行为。这类研究需要用到双层规划模型，上层模型从系统层面优化弹复性，下层模型研究上层决策下的用户路径选择行为。

（3）考虑应急恢复阶段环境的不确定性。在现实生活中，灾害事故通常事发突然，应急恢复阶段时间紧张，准备工作不够充分，而且该阶段还面临众多不确定因素，这些都会导致恢复工程具有一定的不确定性。因此，在包含各种不确定因素的环境下，如何针对应急恢复阶段制定更精准的公路网络恢复策略，是应急决策制定中亟待解决的实际难题。

显然，在原本已属于 NP-hard 问题的网络恢复选择与排程集成问题的基础上，再增加对上述三个问题的考虑，会极大地增加问题解决难度。但上述三个问题针对公路网络和应急恢复阶段的特点提出，综合考虑它们能够提高应急恢复阶段恢复决策的合理性和有效性，对指导实践工作具有极其重要的意义。因此，本章针对应急恢复阶段，将连通性作为公路网络的性能指标，考虑系统最优决策和用户路径选择行为的交互，研究当公路网络大范围受损，恢复工程时间不确定，以及面临任务的紧迫性、可以利用的资金和资源等约束时，如何确定最佳的待恢复关键路段及这些路段的最佳恢复时序。

5.2 符号说明和模型假设

5.2.1 符号说明

本章所建立的公路网络应急恢复阶段恢复选择与排程集成决策优化模型中的参数符号说明详见表5.1。

表5.1 符号说明

符号类别	符号表示	符号含义
集合	A	公路网络全部路段的集合
	N	公路网络全部路口和OD点的集合
	W	公路网络全部OD对的集合
	B	灾害发生后,公路网络中受损路段的集合,$B \subseteq A$
	$P_w^{t_k}$	t_k时刻,连接OD对w的所有路径的集合,$w \in W$
参数	t_0	初始时刻,公路网络正常运行,灾害尚未发生
	t_e	灾害发生的时刻
	t_s	应急恢复阶段开始时刻
	l_a	路段a的长度,$a \in A$
	$V_a^{t_0}$	路段a的初始限速(未受损状态下的限速),$a \in A$
	$C_a^{t_0}$	路段a的初始容量(未受损状态下的始通行能力),$a \in A$
	$v_b^{t_e}$	受损路段b的初始受损程度,$0 < v_b^{t_e} \leq 1$,$b \in B$
	q_w	灾后OD对w之间的交通需求量,$w \in W$
	$z_w^{t_0}$	灾害发生前,OD对w之间的通行时间,$w \in W$
	P_{max}	当前恢复阶段恢复工程的总成本预算,该预算受可调动资金的约束
	f_b	受损路段b的恢复工程的固定成本,$b \in B$

续表

符号类别	符号表示	符号含义
参数	$N_{\max}$	当前恢复阶段能同时恢复的最大受损路段的数量，本书假设每条路段的恢复工程由一个工程队完成，因此该数量也表示工程队数量，该数量受可调动的人力、物力等资源限制
	$D_{\max}$	当前恢复阶段最大可接受的网络性能恢复时长
	Δt	固定时间步长，将网络性能转化为离散型，以便计算
	τ	通行时间容忍系数，当灾后 OD 对间的通行时间大于灾前通行时间的 τ 倍时，该通行时间无法满足应急恢复阶段的需求；反之，该通行时间满足需求
	ε	偏好系数，表示决策者对两个弹复性优化目标的偏好程度
决策变量	x_b	受损路段 b 开始恢复的时刻，$x_b=0$ 或 $x_b \geq t_s$，$b \in B$。$x_b=0$ 表示在当前恢复阶段不对受损路段 b 进行修复；$x_b \geq t_s$ 表示在当前恢复阶段对受损路段 b 进行修复，并且修复工作开始的时刻为 x_b
	$h_a^{t_k}$	t_k 时刻，均衡状态下路段 a 的交通流量，$a \in A$
计算变量	X	向量 $X = (x_b)_{b \in B}$ 表示当前恢复阶段的恢复策略
	R_r	弹复性指标，从网络性能恢复速度度量弹复性
	R_v	弹复性指标，从网络性能累计损失度量弹复性
	$\varphi(t_k)$	t_k 时刻，公路网络的连通性
	$z_{0a}^{t_0}$	灾害发生前，路段 a 上的初始 0 流通行时间，$a \in A$
	$z_{0a}^{t_k}$	t_k 时刻，路段 a 上的 0 流通行时间，$a \in A$
	$z_a^{t_k}$	t_k 时刻，路段 a 上的通行时间，$a \in A$
	$z_w^{t_k}$	t_k 时刻，均衡状态下 OD 对 w 之间的通行时间。如果 OD 对 w 之间没有可连通的路径，则 $z_w^t = +\infty$，$w \in W$
	d_b	受损路段 b 的恢复工程的持续时长，$b \in B$
	c_b	受损路段 b 的恢复工程的成本，$b \in B$
	$V_a^{t_k}$	t_k 时刻，路段 a 的限速，$a \in A$
	$C_a^{t_k}$	t_k 时刻，路段 a 的容量，$a \in A$
	$v_b^{t_k}$	t_k 时刻，受损路段 b 的受损程度，$0 < v_b^{t_k} \leq 1$，$b \in B$
	h_p^{w,t_k}	t_k 时刻，OD 对 w 之间第 p 条路径上的交通流量，$p \in P_w^{t_k}$，$w \in W$

续表

符号类别	符号表示	符号含义
计算变量	$\delta_{a,p}^{w,t_k}$	0—1 变量，表示路径和路段的关系。若 t_k 时刻，路段 a 在 OD 对 w 之间的第 p 条路径上，其值为 1，否则为 0，$p \in P_w^{t_k}$，$w \in W$
	$\gamma_w^{t_k}$	0—1 变量，表示 t_k 时刻 OD 对 w 之间的通行时间是否满足应急恢复阶段的通行需求。如果 $z_w^{t_k} \leqslant \tau z_w^{t_0}$，则 $\gamma_w^{t_k}=1$，表示该通行时间可以接受，通行需求被满足；如果 $z_w^{t_k} > \tau z_w^{t_0}$，则 $\gamma_w^{t_k}=0$，表示通行时间过长，不可接受，通行需求未被满足，$w \in W$
	D_X	恢复策略 X 对应的公路网络性能恢复时长，表示从当前恢复阶段开始时刻 t_s，到网络性能恢复到目标值的时间间隔
	N^{t_k}	t_k 时刻，同时恢复的受损路段的数量
	P_X	恢复策略 X 对应的总恢复成本

5.2.2 模型假设

本章所建立的公路网络应急恢复阶段恢复选择与排程集成决策优化模型基本假设如下。

假设 1：在恢复过程中，OD 对 w 之间的交通需求量 q_w 始终保持不变。

假设 2：路段 b 受损后，通行能力（路段容量）和路段限速均受到影响，其他非受损路段的通行能力和路段限速则保持不变。

假设 3：灾害发生后，公路网络的连通性立刻降低到最低点，然后随着恢复措施的开展逐步上升恢复。

假设 4：受损路段 b 的恢复工程结束前，它的受损程度 $v_b^{t_k}$ 保持为初始受损程度 $v_b^{t_0}$ 不变，对受损路段 b 的恢复工程结束后，$v_b^{t_k}$ 立刻变为 0，这也意味着路段 b 的通行能力和路段限速可以立刻恢复到受损前的状态。

假设 5：每条受损路段的恢复工程由一个工程队完成，路段的恢复工程开始后，工程队必须完成该路段的恢复工程后才能继续恢复下一条路段。因此，该假设表示最大可用的工程队数量也为 $N_{\max}$。

假设 6：对公路网络上用户行为的均衡分析以固定步长 Δt 为基础，不考虑步长内的动态变化。

5.3 公路网络连通性度量

为了更好地体现公路网络应急恢复阶段的连通性，本章选取总 OD 对需求满足程度为系统性能函数。

$$\varphi(t_k) = \frac{\sum_{w \in W} q_w \times \gamma_w^{t_k}}{\sum_{w \in W} q_w} \tag{5.1}$$

其中，$\gamma_w^{t_k} = \begin{cases} 1, & \text{当}\ z_w^{t_k} \leqslant \tau \times z_w^{t_0}\text{时} \\ 0, & \text{当}\ z_w^{t_k} > \tau \times z_w^{t_0}\text{时} \end{cases}$，表示 t_k 时刻 OD 对 w 之间的连通需求是否被满足。通过用户均衡配流模型，可以分析 t_k 时刻用户的路径选择行为，进而求解 OD 对 w 之间的灾后通行时间 $z_w^{t_k}$。

应急恢复阶段的首要任务是尽快恢复公路网络必要的连通性，以便救援和后续重建工作的顺利进行。但如果公路网络的通行时间过慢，也无法保证后续工作的展开。通行时间容忍系数 τ 可以保证在公路网络的连通性和通行时间之间取得决策平衡。因此，公式（5.1）中的性能函数 $\varphi(t)$ 集成了用户需求、通行时间和网络连通性，能够全面反映应急恢复阶段的公路网络性能。

假设应急恢复阶段公路网络性能函数的恢复目标值为 $\varphi(t)=1$，即所有 OD 对均已连通，且任何一个 OD 对间的通行时间均不大于原来的 τ 倍。

5.4 基于弹复性的公路网络应急恢复阶段决策优化模型

5.4.1 模型总体架构

选取连通性作为公路网络性能指标,建立基于弹复性的双层优化模型来解决应急恢复阶段公路网络的恢复选择与排程集成问题。双层优化模型的交互逻辑如图 5.1 所示。将 4.4 节中的基于弹复性的网络恢复选择与排程集成决策优化模型中的恢复目标改为公路网络应急恢复阶段恢复目标,得到上层模型,用来确定应急恢复阶段需要优先恢复的关键路段及其恢复时序,目标函数是弹复性指标 R_r 和 R_v 最大化,决策变量是各受损路段开始恢复的时刻 x_b。下层模型是一个带时间序列的用户均衡配流模型,用来分析各 t_k 时刻下用户的路径选择行为。上层模型的决策变量作为参数输入下层模型,以便下层模型计算各路段的恢复情况,即各 t_k 时刻下的网络结构。然后,下层模型通过求解各 t_k 时刻的用户均衡配流模型,计算网络性能的恢复情况,即各 t_k 时刻对应的 $\varphi(t_k)$。最后,所有的 $\varphi(t_k)$ 再输入上层模型计算弹复性指标 R_r 和 R_v。

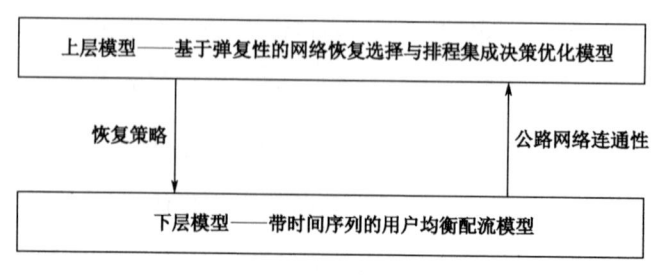

图 5.1 双层优化模型交互逻辑图

5.4.2 确定性模型

如果应急恢复阶段的资金、资源能够按计划投入，各路段的维修能够按照计划时间进行，那么各路段恢复时长 d_b 就是确定性变量。在这种情况下，基于 4.4 节的网络恢复选择与排程集成策略优化模型，可以得到确定性模型，其上层模型如下所示。

$$\max R_\mathrm{r} = \begin{cases} 1 - D_X / D_{\max}, & \text{当} D_X \leqslant D_{\max} \text{时} \\ 0, & \text{当} D_X > D_{\max} \text{时} \end{cases} \quad (5.2)$$

$$\max R_\mathrm{v} = 1 - \frac{\sum_{k=1}^{K}\left(\varphi(t_0) - \varphi(t_k)\right) \times \Delta t}{D_{\max} \times \varphi(t_0)} \quad (5.3)$$

s.t.

$$t_1 = t_s, \quad t_K = t_s + D_X - \Delta t, \quad t_{k+1} - t_k = \Delta t \quad (5.4)$$

$$\varphi(t_s + D_X) = 1 \quad (5.5)$$

$$x_b = 0 \text{ 或 } x_b \geqslant t_s, \quad b \in B \quad (5.6)$$

$$d_b = m \times v_b^{t_e} \times l_b, \quad b \in B \quad (5.7)$$

$$c_b = f_b + n \times d_b, \quad b \in B \quad (5.8)$$

$$D_X = \max_{b \in B, x_b \neq 0}(x_b + d_b - t_s) \quad (5.9)$$

$$N^{t_k} = \sum_{b \in B, x_b \neq 0}[t_k \geqslant x_b][t_k \leqslant x_b + d_b] \leqslant N_{\max} \quad (5.10)$$

$$P_X = \sum_{b \in B} c_b \times [x_b > 0] \leqslant P_{\max} \quad (5.11)$$

其中，目标函数（5.2）和（5.3）表示最大化弹复性指标 R_r 和 R_v。约束条件（5.4）表示模型计算的离散时间集合。约束条件（5.5）表示应急恢复阶段的网络连通性的恢复目标值。约束条件（5.6）表示决策变量 x_b 的取值范围，$x_b = 0$ 表示不对受损路段 b 进行修复；$x_b \geq t_s$ 表示对受损路段 b 进行修复，且修复工作开始的时刻为 x_b。约束条件（5.7）表示受损路段 b 的恢复工程持续时长 d_b。该时长与路段长度 l_b 和受损程度 $v_b^{t_e}$ 成正比，m 是控制变量。约束条件（5.8）表示受损路段 b 的恢复工程成本 c_b。该成本由固定成本 f_b 和可变成本 $n \times d_b$ 构成，可变成本与受损路段的恢复工程持续时长 d_b 成正比，n 是控制变量。约束条件（5.9）表示恢复策略 X 对应的恢复时长 D_X。约束条件（5.10）表示同时恢复的受损路段数量 N^{t_k} 不能超过工程队数量 $N_{\max}$。约束条件（5.11）表示应急恢复阶段的总工程成本 P_X 不能超过总成本预算 $P_{\max}$。约束条件（5.10）和（5.11）中的 $[\cdot]$ 是判断函数，当 $\cdot$ 为真时，$[\cdot]=1$，否则 $[\cdot]=0$。

下层模型如下所示：

$$\min Z_{t_k}(h) = \sum_{a \in A} \int_0^{h_a^{t_k}} z_a^{t_k}(h) \mathrm{d}h, \quad k=1,2,\cdots,K \tag{5.12}$$

s.t.

$$\sum_{p \in P_w^{t_k}} h_p^{w,t_k} = q_w, \quad \text{当 } w \text{ 之间连通时}, \quad w \in W \tag{5.13}$$

$$P_w^{t_k} = \varnothing, h_p^{w,t_k} = 0, \quad \text{当 } w \text{ 之间非连通时}, \quad w \in W \tag{5.14}$$

$$h_p^{w,t_k} \geq 0, \quad p \in P_w^{t_k}, \quad w \in W \tag{5.15}$$

$$h_a^{t_k} = \sum_{w \in W} \sum_{p \in P_w^{t_k}} h_p^{w,t_k} \times \delta_{a,p}^{w,t_k}, \quad a \in A \tag{5.16}$$

$$C_a^{t_k} = C_a^{t_0}, \quad a \in (A-B) \tag{5.17}$$

$$C_b^{t_k} = C_b^{t_0} \times (1 - v_b^{t_k}), \quad b \in B \tag{5.18}$$

$$V_a^{t_k} = V_a^{t_0}, \quad a \in (A-B) \tag{5.19}$$

$$V_b^{t_k} = V_b^{t_0} \times (1 - v_b^{t_k}), \quad b \in B \tag{5.20}$$

$$v_b^{t_k} = v_b^{t_e} \times [t_k < x_b + d_b], \quad b \in B \tag{5.21}$$

$$z_a^{t_k} = z_{0a}^{t_k} \times \left(1 + \alpha \times \left(h_a^{t_k} / C_a^{t_k}\right)^\beta\right), \quad a \in A \quad (5.22)$$

$$z_{0a}^{t_k} = z_{0a}^{t_0} = l_a / V_a^{t_0}, \quad a \in (A - B) \quad (5.23)$$

$$z_{0b}^{t_k} = \begin{cases} l_b / V_b^{t_k}, & \text{当} v_b^{t_k} \neq 1 \text{时}, \ b \in B \\ +\infty, & \text{当} v_b^{t_k} = 1 \text{时}, \ b \in B \end{cases} \quad (5.24)$$

$$\varphi(t_k) = \frac{\sum_{w \in W} q_w \times \gamma_w^{t_k}}{\sum_{w \in W} q_w} \quad (5.25)$$

$$\gamma_w^{t_k} = \begin{cases} 1, & \text{当} z_w^{t_k} \leq \tau \times z_w^{t_0} \text{时}, \ w \in W \\ 0, & \text{当} z_w^{t_k} > \tau \times z_w^{t_0} \text{时}, \ w \in W \end{cases} \quad (5.26)$$

$$z_w^{t_k} = \begin{cases} \sum_{a \in A} z_a^{t_k} \times \delta_{a,p}^{w,t_k}, & \text{当} w \text{之间连通时}, \ w \in W \\ +\infty, & \text{当} w \text{之间非连通时}, \ w \in W \end{cases} \quad (5.27)$$

其中，公式（5.12）~公式（5.16）为根据本章研究问题改进后的带时间序列的 Beckmann 变换式，约束条件（5.17）~公式（5.27）给出了求解上述 Beckmann 变换式所需要用到的各 t_k 时刻公路网络的详细信息。约束条件（5.17）和（5.18）分别表示各 t_k 时刻未受损路段和受损路段的容量 $C_a^{t_k}$ 和 $C_b^{t_k}$。约束条件（5.19）和（5.20）分别表示各 t_k 时刻未受损路段和受损路段的限速 $V_a^{t_k}$ 和 $V_b^{t_k}$。约束条件（5.21）表示各 t_k 时刻受损路段的受损程度 $v_b^{t_k}$，[·] 同约束条件（5.10）。约束条件（5.22）为路阻函数，本书采用美国联邦公路局 BPR 路阻函数，α、β 为模型参数，$\alpha = 0.15$，$\beta = 4$。约束条件（5.23）表示各 t_k 时刻未受损路段的 0 流通行时间 $z_{0a}^{t_k}$，该 0 流通行时间等于灾害发生前路段上的初始 0 流通行时间 $z_{0a}^{t_0}$，即路段长度 l_a 与路段初始限速 $V_a^{t_0}$ 的比值。约束条件（5.24）表示各 t_k 时刻受损路段的 0 流通行时间 $z_{0b}^{t_k}$，当 $v_b^{t_k} \neq 1$ 时，该 0 流通行时间等于路段长度 l_b 与 t_k 时刻该路段的限速 $V_b^{t_k}$ 的比值；当 $v_b^{t_k} = 1$ 时，该路段不连通，该 0 流通行时间等于 $+\infty$。约束条件（5.25）表示各 t_k 时刻的网络连通性。约束条件（5.26）表示各 t_k 时刻 OD 对 w 之间的通行时间是否满足应急恢复阶段的通行需求，如果 $z_w^{t_k} \leqslant \tau z_w^{t_0}$，则 $\gamma_w^{t_k}=1$，表示该通行时间可以接受，通行需求被满足；如果 $z_w^{t_k} > \tau z_w^{t_0}$，则 $\gamma_w^{t_k}=0$，表示通行时间过长，不可接受，通行需求未被满足。约束条件（5.27）表示各 t_k 时刻 OD 对 w 之间的通行时间 $z_w^{t_k}$。在均衡状态下，OD 对 w 之间流量不为 0 的路径具有相同的通行时间，所以约束条件（5.27）中的路径 p 可以取 OD 对 w 之间任意的一条最短路径。

5.4.3 随机模型

灾害事故通常事发突然，应急恢复阶段时间紧张，准备工作不够充分，导致各路段的恢复时长 d_b 存在不确定性，进而导致整个恢复工程的恢复过程、完工时间和恢复成本不确定，也最终导致模型中的 R_r、R_v、P_X 和 $Z_{t_k}(h)$ 变为随机变量。因此，假设 d_b 为服从正态分布 $N(\mu_b, \sigma_b^2)$ 的随机变量，改进 5.4.2 节的确定性模型，得到不确定性情况下的应急恢复阶段恢复策略随机优化模型。

上层模型：

$$\max \mathrm{E}(R_r) \tag{5.28}$$

$$\max \mathrm{E}(R_v) \tag{5.29}$$

s.t. 公式（5.4）～（5.6），（5.8）～（5.10）

$$d_b \sim N(\mu_b, \sigma_b^2), \quad b \in B \tag{5.30}$$

$$\mu_b = m \times v_b^{t_e} \times l_b, \quad b \in B \tag{5.31}$$

$$\mathrm{E}(P_X) = \mathrm{E}\left(\sum_{b \in B} c_b \times [x_b > 0]\right) \leqslant P_{\max} \tag{5.32}$$

下层模型：

$$\min E\left(Z_{t_k}(h)\right) = E\left(\sum_{a \in A} \int_0^{h_a^{t_k}} z_a^{t_k}(h) dh\right), \quad k = 1, 2, \cdots, K \quad (5.33)$$

s.t. 公式（5.13）～（5.27）

其中，目标函数（5.28）和（5.29）表示最大化 R_r 和 R_v 的期望。目标函数（5.33）表示最大化 $Z_{t_k}(h)$ 的期望。约束条件（5.30）表示各路段的恢复时长 d_b 的概率分布。约束条件（5.31）表示 d_b 的期望 μ_b 的计算方法。约束条件（5.32）表示应急恢复阶段的总工程成本 P_X 的期望不能超过总成本预算 $P_{\max}$。

5.5 求解算法

基于本章双层模型所固有的复杂性，设计了一种启发式算法来求解该问题。该算法结合了 4.6 节的 GA 算法（求解上层模型）和 2.4.2 节求解用户均衡配流模型的 Frank-Wolfe 算法（求解下层模型）。

5.5.1 上层模型求解算法

1. 确定性上层模型求解算法

确定性上层模型与 4.4 节模型类似，属于类并行机调度问题，求解算法也与 4.4 节模型类似，步骤如下。

第 1.1 步：假设所有受损路段均需要修复，根据并行机调度问题的 GA 算法编码规则生成初代种群。

第 1.2 步：对于种群中的每个染色体，根据编码规则计算每条受损路段的开工时间 x_b，完工时间 x_b+d_b，并输入下层算法。

第 1.3 步：对于每个染色体，根据下层算法反馈的总恢复时长 D_X、各 t_k 时刻下的网络连通性 $\varphi(t_k)$ 及已恢复的受损路段，计算该染色体对应的 R_r、R_v 和 P_X 值，进而计算该染色体的适应度函数 $F_c=\varepsilon R_r+(1-\varepsilon)R_v-I_c$。

第 1.4 步：根据下层算法反馈的记录信息，按照如下规则重新计算该染色体对应的恢复策略 $X=(x_b)_{b\in B}$：如果受损路段 b 在下层算法中被记录为已恢复，那么 x_b 取在该染色体编码中对应的值，即 $x_b=x_b$，否则 $x_b=0$。

第 1.5 步：判断是否满足遗传算法终止条件，如果不满足，转至第 1.6 步；如果满足，转至第 1.7 步。

第 1.6 步：遗传操作，生成新一代种群，转至第 1.2 步。

第 1.7 步：输出适应度最大的个体所对应的恢复策略 $X=(x_b)_{b\in B}$，算法结束。

上述 GA 算法的具体细节与 4.6 节的 GA 算法相同，此处不再赘述。

2. 随机上层模型求解算法

在随机环境下，由于问题的复杂性，很难采用数学推导的方式得到整个恢复过程的随机分布。因此，为了体现恢复工程的不确定性和计算恢复结果，根据随机变量 d_b 的分布（公式（5.30）和公式（5.31）），采用蒙特卡洛模拟生成一定数量的随机变量组合 $(d_b)_{b\in B}$ 的样本。每个样本对应于一个确定性模型，该确定性模型对于给定的恢复策略具有相应的恢复结果。基于这些样本对应的恢复结果，可以得到恢复结果的数学期望。这种样本平均近似的方法是求解随机规划的常用方法。因此，随机上层模型的求解算法步骤如下。

第 1.0 步：采用蒙特卡洛模拟生成一定数量的随机变量组合 $(d_b)_{b \in B}$ 的样本。

第 1.1 步：假设所有受损路段均需要修复，根据并行机调度问题的 GA 算法编码规则生成初代种群。

第 1.2 步：对于种群中的每个染色体，在每一个样本上，根据编码规则计算每条受损路段修复的开工时间 x_b 和完工时间 $x_b + d_b$，并输入下层算法。

第 1.3 步：对于每个染色体，在每一个样本上，根据下层算法反馈的总恢复时长 D_X、各 t_k 时刻下的网络连通性 $\varphi(t_k)$ 及已恢复的受损路段，计算该染色体在该样本上对应的 R_r、R_v 和 P_X 值，进而计算该染色体的适应度函数 $F_c = \mathrm{E}\left(\varepsilon R_r + (1-\varepsilon) R_v - I_c\right)$。

第 1.4 步：根据下层算法反馈的记录信息，按照如下规则重新计算该染色体对应的恢复策略 $X = (x_b)_{b \in B}$：如果受损路段 b 在下层算法中被记录为已恢复，那么 x_b 取在该染色体编码中对应的值，即 $x_b = x_b$，否则令 $x_b = 0$。

第 1.5 步：判断是否满足遗传算法终止条件，如果不满足，转至第 1.6 步；如果满足，转至第 1.7 步。

第 1.6 步：遗传操作，生成新一代种群，转至第 1.2 步。

第 1.7 步：输出适应度最大的个体所对应的恢复策略 $X = (x_b)_{b \in B}$，算法结束。

由此可以看出，与确定性上层模型的求解算法相比，随机上层模型求解算法多了第 1.0 步的样本生成，第 1.2 步和第 1.3 步均需要在每个样本上重复进行，并且第 1.3 步中染色体的适应度函数也是个随机变量，需要计算其近似期望值。除此之外，随机上层模型求解算法的步骤与确定性上层模型求解算法相同。

5.5.2　下层模型求解算法

确定性下层模型和随机下层模型的求解算法相同，均为带时间迭代的 Frank-Wolfe 算法，具体步骤如下。

第 2.1 步：设定初始时刻 $t_k = t_s$，令 $k = 1$。

第 2.2 步：根据上层算法导入的各受损路段修复的开工时间 x_b 和完工时间 $x_b + d_b$，判断 t_k 时刻下受损路段的恢复情况，更新网络结构，记录已修复路段。

第 2.3 步：利用 Frank-Wolfe 算法求解 t_k 时刻用户均衡状态下各路段上的流量 $h_a^{t_k}$。

第 2.4 步：根据 $h_a^{t_k}$ 计算 t_k 时刻用户均衡状态下各路段的通行时间 $z_a^{t_k}$，OD 对之间的通行时间 $z_w^{t_k}$，公路网络的连通性 $\varphi(t_k)$。

第 2.5 步：判断是否满足下层算法终止条件。如果 $\varphi(t_k) < 1$，记录下 $\varphi(t_k)$ 的值，然后令 $k = k+1$，转至第 2.2 步；如果 $\varphi(t_k) = 1$，则 $t_k = t_s + D_X$，记录下 $\varphi(t_k)$、D_X 的值，将所有记录下来的 $\varphi(t_k)$、已修复路段及 D_X 输入上层算法的第 1.3 步，算法结束。

Frank-Wolfe 算法的具体细节见 2.4.2 节，此处不再赘述。

5.5.3 总模型求解算法

上述双层算法彼此之间的逻辑结构如图 5.2 所示。根据该逻辑结构图得到确定性模型的总算法流程如图 5.3 所示,随机模型的总算法流程如图 5.4 所示。在图 5.3 和图 5.4 中,虚线方框外为上层模型求解算法,虚线方框内为下层模型求解算法。

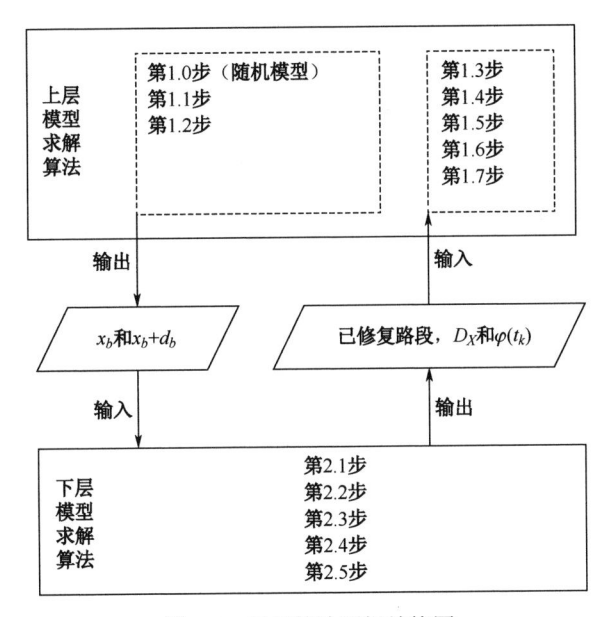

图 5.2 双层算法逻辑结构图

公路网络灾后恢复决策优化技术

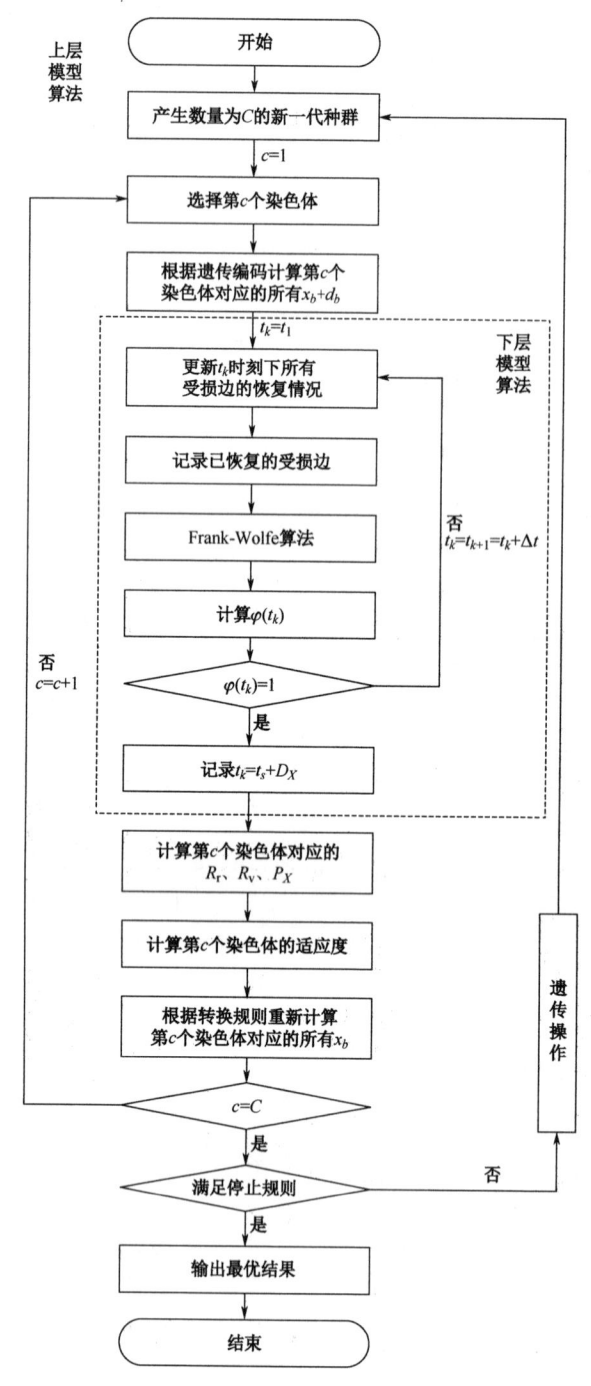

图 5.3　确定性模型算法流程图

112

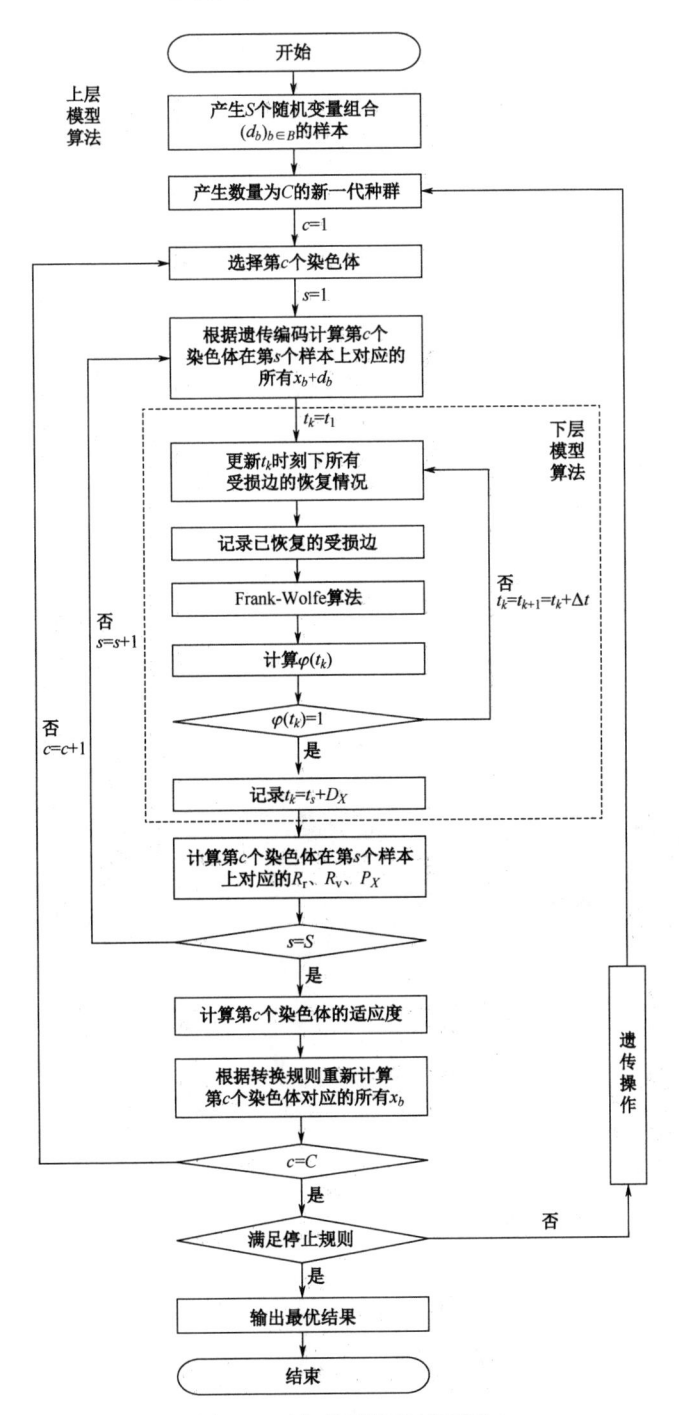

图 5.4 随机模型算法流程图

5.6 案例分析

以某区域货运道路网络为例来说明如何使用本章模型和算法解决公路网络应急恢复阶段的恢复选择与排程集成问题，并通过进一步的分析得到一些管理启示。

5.6.1 实验设计及参数设置

图 5.5 所示为某区域货运道路网络在地图中的实际显示。根据 GIS 信息

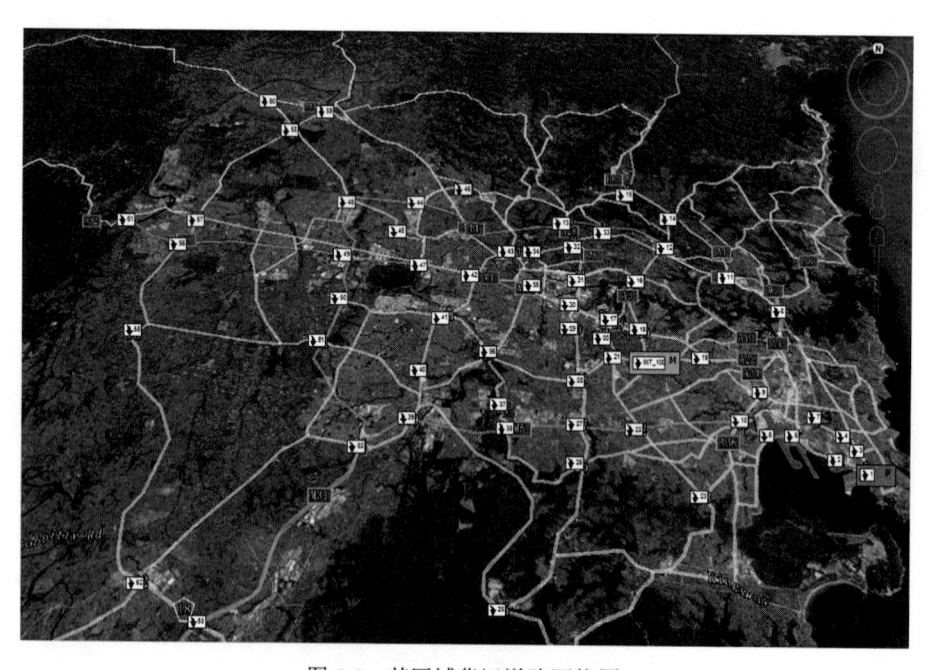

图 5.5 某区域货运道路网络图

生成该货运道路网络的网络结构图如图5.6所示，包含62个节点、122条边。其中节点3、8、16、25、36、44、51、60、61、62为OD对节点，共10个，其他节点表示道路的交汇处。为显示方便，所有路段在图5.6中均用直线显示。所有路段的属性特征见表5.2，其中a、n_1、n_2分别表示路段编号、路段连接的两个路口编号；l_a、$C_a^{t_0}$和$V_a^{t_0}$的单位分别为公里、单位交通量和公里/小时。灾后各OD对之间的出行需求量和灾害发生前各OD对之间的通行时间见表5.3，q_w和$z_w^{t_0}$的单位分别为单位交通量和小时。

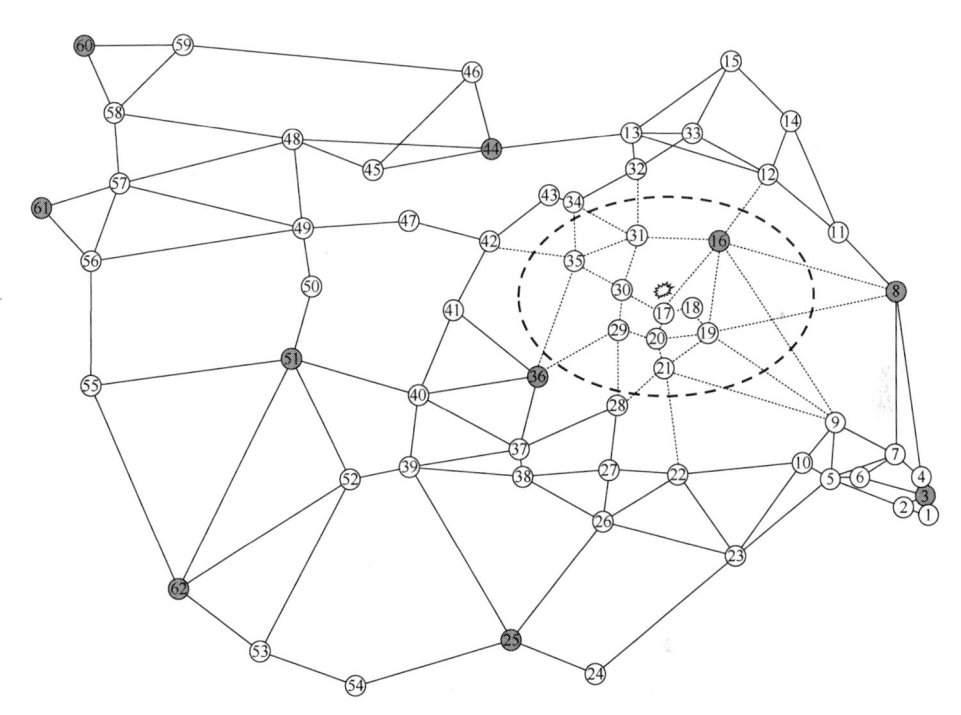

图 5.6 基于 GIS 信息的某区域货运道路网络的网络结构图

表 5.2 路段属性特征

a	n_1	n_2	l_a	$C_a^{t_0}$	$V_a^{t_0}$	a	n_1	n_2	l_a	$C_a^{t_0}$	$V_a^{t_0}$
1	1	2	1.69	2000	50	62	28	29	4.75	2250	60
2	1	3	1.37	1800	50	63	28	37	8.88	3300	60
3	2	3	1.79	2000	50	64	29	30	2.81	2000	60
4	2	5	5.1	2600	60	65	29	36	8.47	3600	60
5	3	4	1.31	1800	50	66	30	31	3.43	2150	60
6	3	6	5.57	2600	60	67	30	35	3.24	6000	100
7	4	7	2.36	2000	60	68	31	32	5.33	2250	60
8	4	8	12.72	4500	70	69	31	34	6.35	2350	60
9	5	6	1.74	1600	60	70	31	35	5.18	2050	60
10	5	7	4.37	2400	60	71	32	33	3.62	2000	60
11	5	9	6.15	2400	60	72	32	34	4.42	2100	60
12	5	10	1.96	2000	60	73	33	12	3.69	3000	70
13	6	7	2.8	2250	60	74	33	13	3.28	3000	70
14	7	8	10.56	4400	70	75	34	35	4.49	2200	60
15	7	9	5.24	2400	60	76	34	43	3.25	2000	60
16	8	11	6.37	3600	70	77	35	36	8.52	3200	70
17	8	16	15.75	5000	70	78	35	42	5.18	7000	100
18	8	19	15.14	5000	70	79	36	37	5.3	2600	70
19	9	10	3.22	2300	60	80	36	40	5.61	2850	70
20	9	16	18.35	5200	70	81	36	41	5.44	2600	70
21	9	19	10.72	4200	70	82	37	38	2.15	2200	70
22	10	22	8.33	3600	70	83	37	39	7.22	2600	70
23	10	23	7.33	3600	70	84	37	40	9.33	2400	60
24	11	12	6.02	3000	70	85	38	39	6.54	2000	60
25	11	14	8.56	3150	70	86	39	40	4.51	2500	70
26	12	13	8.59	2900	70	87	39	52	4.21	4000	80
27	12	14	3.81	2350	70	88	40	41	5.96	2700	70
28	12	16	5.01	2500	60	89	40	51	7.98	3000	80

续表

a	n_1	n_2	l_a	$C_a^{t_0}$	$V_a^{t_0}$	a	n_1	n_2	l_a	$C_a^{t_0}$	$V_a^{t_0}$
29	13	15	8.18	2850	70	90	41	42	4.95	2550	70
30	13	32	2.32	2000	60	91	42	43	5.02	2000	70
31	13	44	9.35	3350	80	92	42	47	4.8	6500	100
32	14	15	5.36	2350	70	93	44	45	5.54	2150	80
33	15	33	9.05	2550	70	94	44	46	5.66	1800	80
34	16	17	5.81	3000	60	95	44	48	12.7	4800	80
35	16	19	6.21	3000	60	96	45	46	6.64	2000	80
36	16	31	5.51	2800	60	97	45	48	7.84	2200	80
37	17	18	0.543	1400	50	98	46	59	18.52	2500	80
38	17	20	1.26	2700	50	99	47	49	5.64	7200	100
39	17	30	1.2	5000	100	100	48	49	7.77	4000	80
40	18	19	2.09	2800	50	101	48	57	20.46	2800	80
41	19	20	3.88	3000	60	102	48	58	12.3	3500	80
42	19	21	6.21	3600	60	103	49	50	4.79	2700	80
43	20	21	2.11	2800	60	104	49	56	14.32	7200	100
44	20	29	2.4	2450	60	105	49	57	14.77	4200	80
45	21	9	11.99	4600	70	106	50	51	4.41	2650	80
46	21	22	10.89	4600	70	107	51	52	10.41	4200	80
47	21	28	3.47	3000	60	108	51	55	15.66	2250	80
48	22	23	5.44	3400	70	109	51	62	23.06	3000	80
49	22	26	6.52	3450	60	110	52	53	15.45	2500	80
50	22	27	3.91	3000	60	111	52	62	16.99	2500	80
51	23	5	8.1	4000	70	112	53	54	35.37	3600	80
52	23	24	16.13	4200	70	113	53	62	4.37	2000	80
53	23	26	9.4	3400	70	114	55	56	10.87	2200	80
54	24	25	5.32	2600	70	115	55	62	21.62	3500	80
55	25	26	11.82	3550	70	116	56	57	3.52	1800	80

续表

a	n_1	n_2	l_a	$C_a^{t_0}$	$V_a^{t_0}$	a	n_1	n_2	l_a	$C_a^{t_0}$	$V_a^{t_0}$
56	25	39	19.15	3200	80	117	56	61	5.77	4000	100
57	25	54	12.98	2600	80	118	57	58	15.76	2200	80
58	26	27	3.39	2200	60	119	57	61	6.87	2000	80
59	26	38	8.87	3050	60	120	58	59	4.24	1600	80
60	27	28	4.01	2050	60	121	58	60	4.71	1800	80
61	27	38	5.02	3000	60	122	59	60	5.39	2000	80

表5.3 各OD对之间的灾后出行需求量和灾前通行时间

w	q_w	$z_w^{t_0}$	w	q_w	$z_w^{t_0}$	w	q_w	$z_w^{t_0}$
3, 8	1400	0.30	8, 61	600	0.73	36, 44	1600	0.59
3, 16	2000	0.52	8, 62	600	0.95	36, 51	1700	0.23
3, 25	800	0.58	16, 25	1000	0.57	36, 60	700	0.72
3, 36	1800	0.64	16, 36	2200	0.34	36, 61	800	0.52
3, 44	800	0.85	16, 44	1700	0.46	36, 62	700	0.50
3, 51	800	0.83	16, 51	1400	0.56	44, 51	800	0.48
3, 60	500	1.12	16, 60	800	0.79	44, 60	600	0.37
3, 61	600	0.92	16, 61	700	0.58	44, 61	700	0.50
3, 62	600	0.95	16, 62	500	0.83	44, 62	500	0.76
8, 16	1000	0.23	25, 36	1400	0.45	51, 60	400	0.60
8, 25	900	0.65	25, 44	800	0.88	51, 61	500	0.40
8, 36	1400	0.48	25, 51	900	0.46	51, 62	500	0.29
8, 44	800	0.56	25, 60	300	1.06	60, 61	300	0.41
8, 51	800	0.70	25, 61	400	0.86	60, 62	200	0.77
8, 60	500	0.93	25, 62	500	0.57	61, 62	300	0.47

假设在$t_e=30$天时，图5.6标记处（虚线圈中间）发生地震，图5.6虚线圈中共计有30条路段发生不同程度损坏，其他路段未受损坏。为便于分析，

假设路段受损程度有两类：完全损坏，即 $v_b^{t_e}=1$，路段无法使用；半幅通车，即 $v_b^{t_e}=0.5$，路段容量和限速均减半。受损路段的受损程度和固定修复成本见表 5.4，其中 f_b 的单位为单位资金。为便于计算，假设 $t_s=t_e=30$。模型中其他参数取值如下：$N_{\max}=3$ 个，$P_{\max}=1500$ 单位资金，$D_{\max}=150$ 天，$\tau=1.5$，$m=5$，$n=2$，$\Delta t=1$ 天，$\varepsilon=0.5$。本实验中，需要根据上述给定参数确定该货运道路网络应急恢复阶段的最优恢复策略。

表 5.4 受损路段的受损程度和固定修复成本

b	$v_b^{t_e}$	f_b	b	$v_b^{t_e}$	f_b	b	$v_b^{t_e}$	f_b
17	0.5	170	39	1	100	64	1	80
18	0.5	170	40	1	80	65	1	120
20	0.5	190	41	1	110	66	1	130
21	0.5	150	42	1	120	67	1	120
28	0.5	140	43	1	130	68	1	120
34	1	120	44	1	110	69	1	120
35	1	90	45	0.5	140	70	1	120
36	1	130	46	0.5	140	75	1	120
37	1	80	47	1	120	77	0.5	180
38	1	110	62	1	90	78	0.5	150

5.6.2 实验结果

1. 确定性环境实验结果

根据实验数据，通过多次调节，设定算法参数最佳取值如下。上层 GA 算法：种群规模=200，迭代次数=100，交叉概率=0.7，位变异概率=0.05，交换变异概率=0.05；下层 Frank-Wolfe 算法：收敛误差=0.005。采用本章模型和算法求得确定性环境下应急恢复阶段最优恢复策略如图 5.7 所示。图 5.7（a）为待修复路段的修复开工和结束时间，每条路段对应的横条长度及里面的数字代表该路段的修复时长。图 5.7（b）为各工程队修复工作序列安排，每个横条中的两个数字分别表示修复路段编号和该路段修复时长，从左到右为该路段在该工程队工作序列中的顺序。该最优策略的成本、恢复时长、弹复性指标见表 5.5。

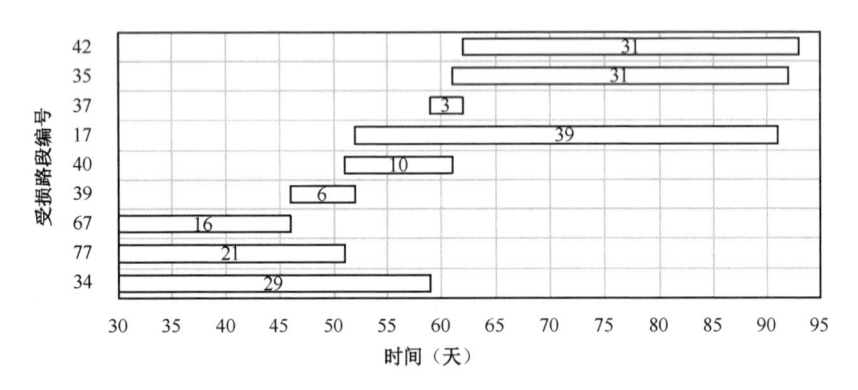

(a) 受损路段修复时序安排

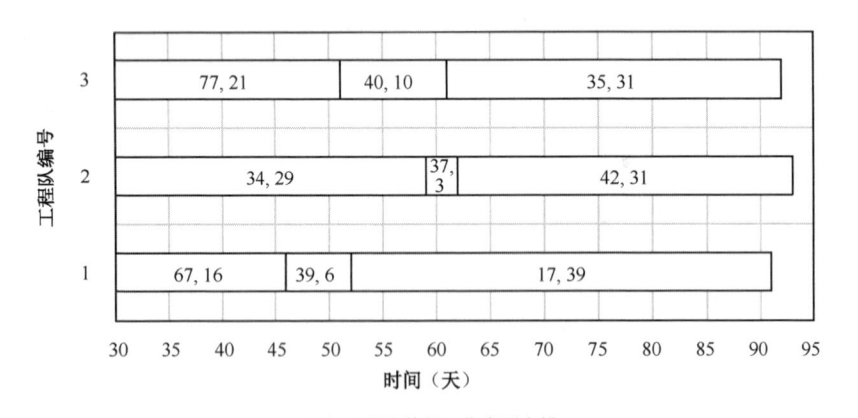

(b) 工程队修复工作序列安排

图 5.7 确定性环境的最优恢复策略

表 5.5 确定性环境的最优恢复策略恢复结果

指标	弹复性指标 R_r	弹复性指标 R_v	总恢复成本 P_X	总恢复时长 D_X
结果	0.5800	0.8851	1432	63

表 5.6 列出了受损路段在灾害发生前用户均衡状态下的流量和介数。在网络分析研究中，边的流量和介数是度量边的重要性的常用指标。在多条路段受损的情况下，经验性策略通常根据路段的重要性来确定恢复顺序。因此，根据表 5.6 中数据可以得到两组模拟的经验性恢复策略：（1）流量优先恢复策略，按路段流量从大到小排序恢复；（2）介数优先恢复策略，按路段介数从大到小排序恢复。两种策略如图 5.8 和图 5.9 所示。

表 5.6 受损路段灾前均衡状态下的流量和介数

b	流量	介数	b	流量	介数	b	流量	介数
17	1005	1	39	5330	5	64	810	1
18	3517	4	40	2252	3	65	1806	6
20	370	0	41	2273	3	66	1430	1
21	2728	3	42	106	0	67	5954	5
28	1700	1	43	1525	1	68	802	1
34	4066	6	44	1796	6	69	0	0
35	1646	1	45	30	0	70	1896	0
36	2524	0	46	0	0	75	1124	1
37	2252	3	47	1601	1	77	3331	1
38	1003	4	62	800	1	78	5650	5

(a) 受损路段修复时序安排

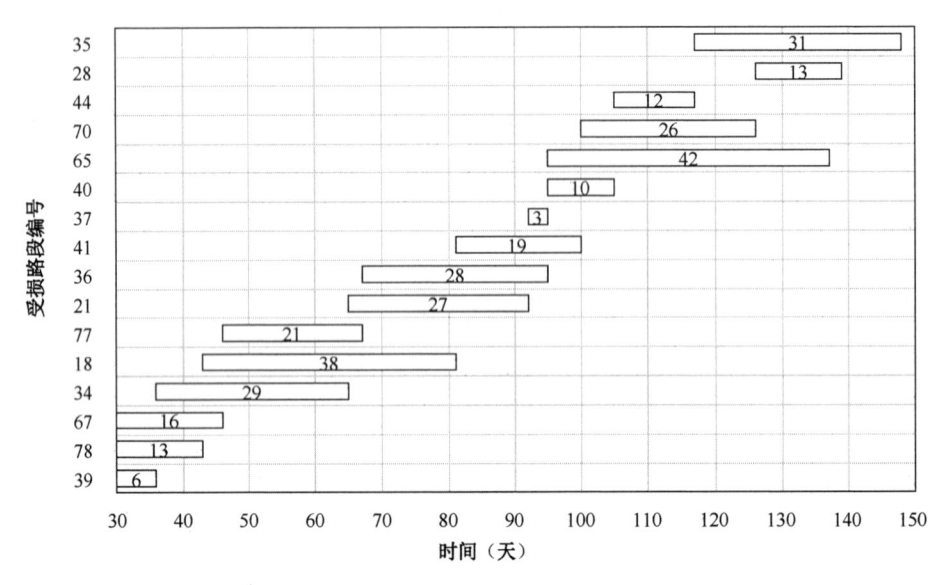

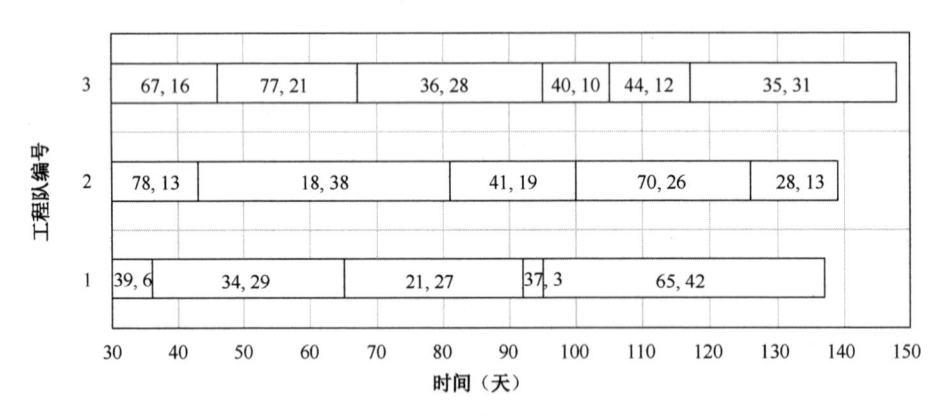

(b) 工程队修复工作序列安排

图 5.8 流量优先恢复策略

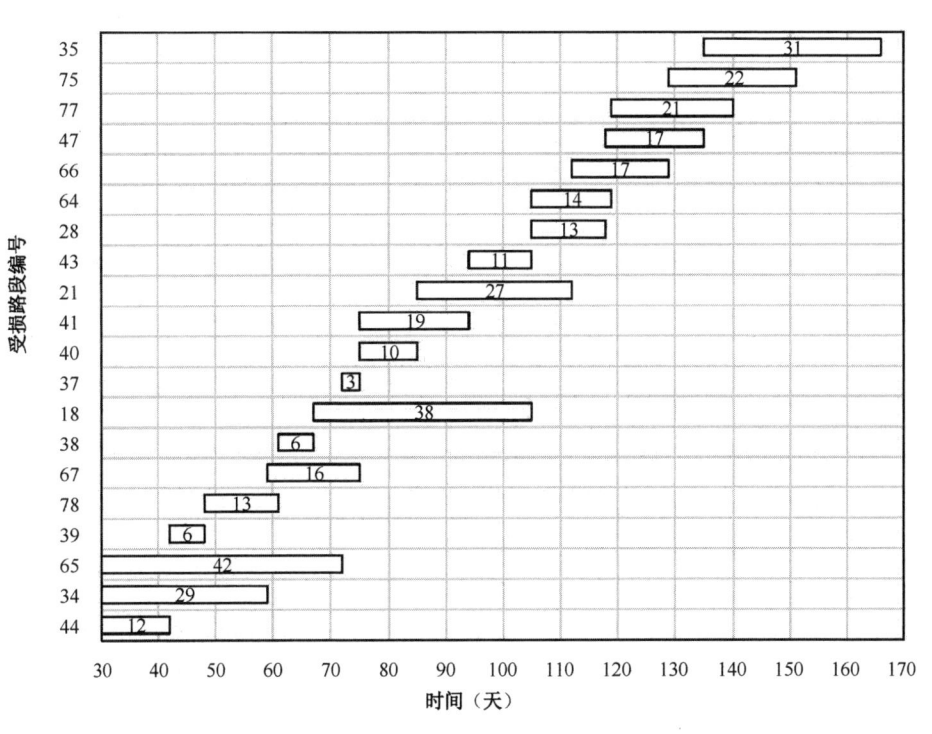

（a）受损路段修复时序安排

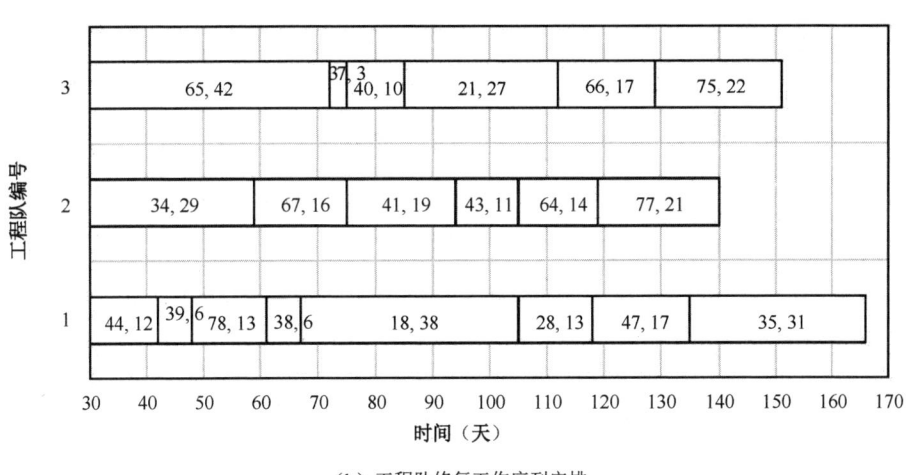

（b）工程队修复工作序列安排

图 5.9　介数优先恢复策略

最优恢复策略和两种经验性恢复策略的恢复结果对比见表 5.7。图 5.10 所示为三种策略的公路网络连通性恢复曲线。最优恢复策略仅需要恢复 9 条路段就可以使公路网络应急恢复阶段的连通性恢复到目标值。流量优先恢复策略和介数优先恢复策略分别需要恢复 16 和 20 条路段才可以恢复到目标值，网络弹复性较低，因此需要较高的恢复时长和恢复成本。流量优先恢复策略的恢复成本超出了成本预算；介数优先恢复策略的恢复成本也超出了成本预算，恢复时间接近最大可接受恢复时间，因此介数优先恢复策略的恢复速度弹复性几乎为 0。显然，最优恢复策略的决策效果从各方面都明显优于另外两组经验性恢复策略。特别是在公路网络大范围受损，需要考虑众多决策变量的复杂情况下，仅凭经验难以奏效，而本章的优化模型和求解算法能够为公路网络提供具有更高弹复性、更低成本、更快恢复速度的应急恢复决策。

表 5.7　确定性环境下三种策略的恢复结果

恢复结果	最优恢复策略	流量优先恢复策略	介数优先恢复策略
弹复性指标 R_r	0.5800	0.2133	0.0933
弹复性指标 R_v	0.8851	0.8370	0.8098
总恢复成本 P_X	1432	2638	3144
总恢复时长 D_X	63	118	136
需要恢复的受损路段数量	9	16	20

图 5.11 所示列出了最优恢复策略求解过程，上层 GA 算法每一代适应度最高染色体对应的弹复性指标 R_r 和 R_v。可以看到，R_r 和 R_v 呈现出高度正相关。还可以看到，每一个给定的 R_r 值，可能存在多个不同的 R_v 值与之对应，这表示可能存在多个恢复策略，使公路网络的恢复速度相同，但恢复过程中的累计损失不同；反之亦然。这表明单一弹复性度量指标下公路网络恢复策

略具有局限性，也证明了本书提出的从网络性能的恢复速度和恢复过程中的累计损失两方面同时度量网络弹复性的必要性。

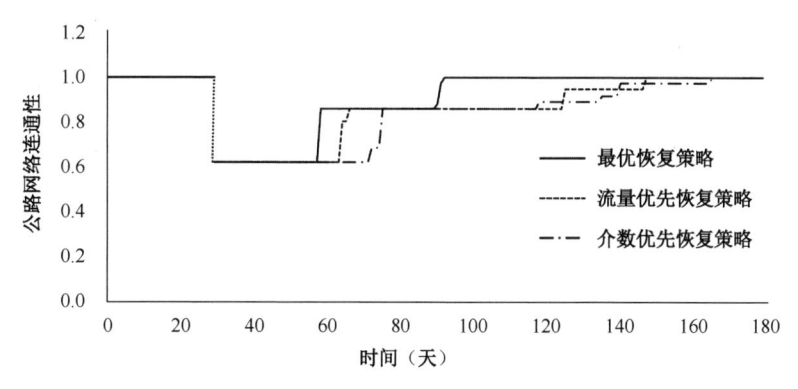

图 5.10 确定性环境下三种策略的公路网络连通性恢复曲线

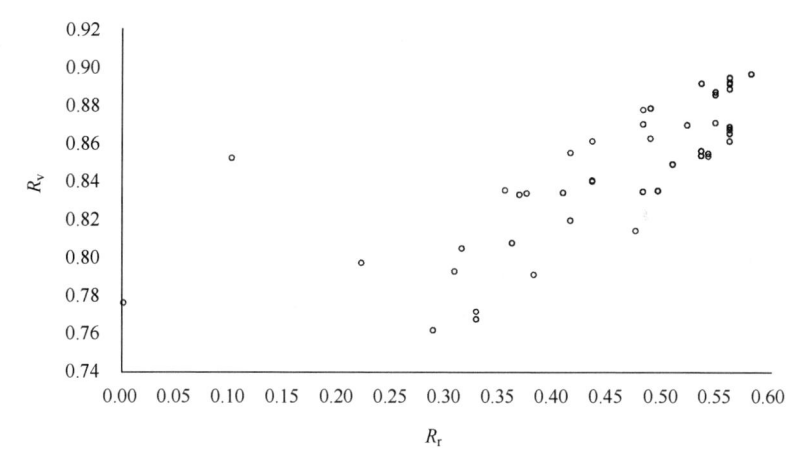

图 5.11 确定性环境下 GA 算法每一代适应度最高染色体对应的 R_r 和 R_v

2. 随机环境实验结果

在随机环境下，各路段恢复时长 d_b 由确定变量变为随机变量，期望值和方差值见表 5.8，其中期望值可由公式（5.31）算出。其他模型参数和算法参数的取值与确定性环境试验的取值相同。为求解随机模型，根据表5.8，采用蒙特卡洛模拟生成1000组恢复时长组合$(d_b)_{b \in B}$的样本。随机环境下应急恢复阶段的最优恢复策略见表5.9。可以看到，随机环境下的待恢复路段编号与确定性环境下一致，但恢复时序有所不同。各路段恢复工程的不确定性，导致整体恢复工程也呈现出不确定性，因此，恢复结果的各项指标也为随机变量，而非确定性取值。该策略下，$E(R_r)=0.5656$，97.90%的R_r值分布在区间[0.5300, 0.6000]；$E(R_v)=0.8979$，96.60%的R_v值分布在区间[0.8880, 0.9080]；$E(P_X)=1434.18$，95.00%的P_X值分布在区间[1414.00, 1454.00]，并且没有大于1500.00的值；$E(D_X)=65.16$，97.90%的D_X值分布在区间[60.00, 70.00]内，并且没有大于150.00的值。图5.12为随机环境下最优恢复策略的恢复结果的分布直方图。图5.13展示了随机环境下最优恢复策略的公路网络连通性恢复情况，该恢复过程呈现出一定的随机性，但连通性的均值随着路段的修复逐步提升为1。

表5.8 受损路段恢复时长的期望值和方差值

b	期望值	方差值	b	期望值	方差值	b	期望值	方差值
17	39	7	39	6	1	64	14	2
18	38	6	40	10	2	65	42	7
20	46	8	41	19	3	66	17	3
21	27	4	42	31	5	67	16	3
28	13	2	43	11	2	68	27	4
34	29	5	44	12	2	69	32	5
35	31	5	45	30	5	70	26	4
36	28	5	46	27	5	75	22	4
37	3	1	47	17	3	77	21	4
38	6	1	62	24	4	78	13	2

表 5.9 随机环境的最优恢复策略

工程队	维修路段顺序
1	67, 39, 17
2	34, 42, 37
3	77, 35, 40

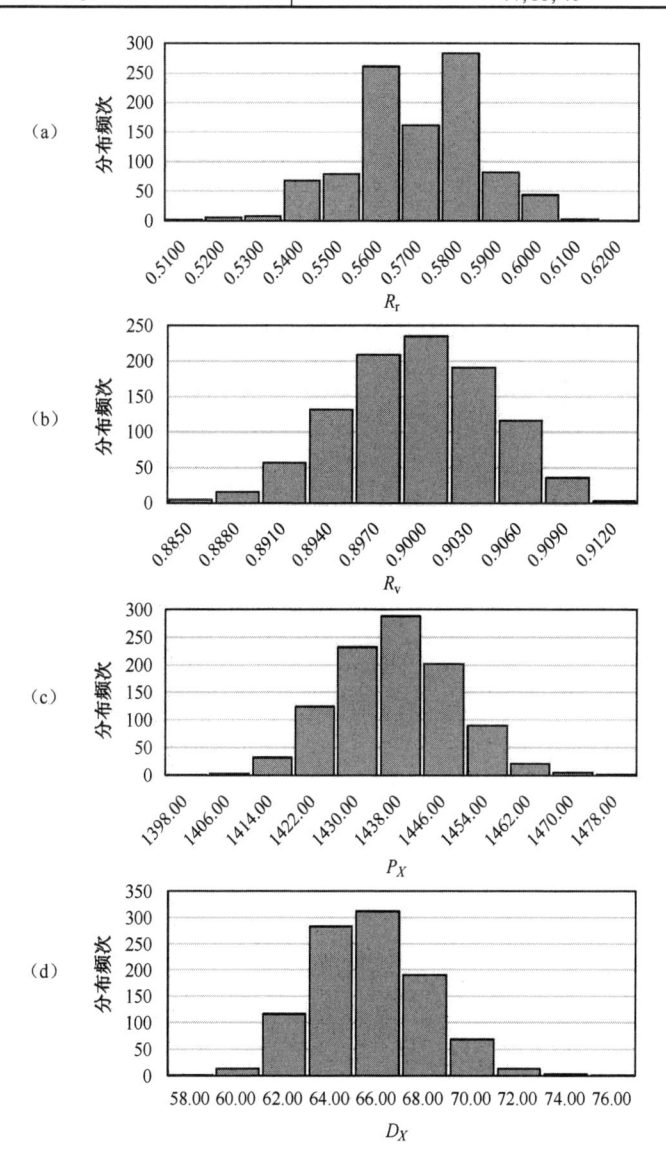

(a) 分布频次 横轴 R_r

(b) 分布频次 横轴 R_v

(c) 分布频次 横轴 P_X

(d) 分布频次 横轴 D_X

图 5.12 随机环境下最优恢复策略的恢复结果的分布直方图

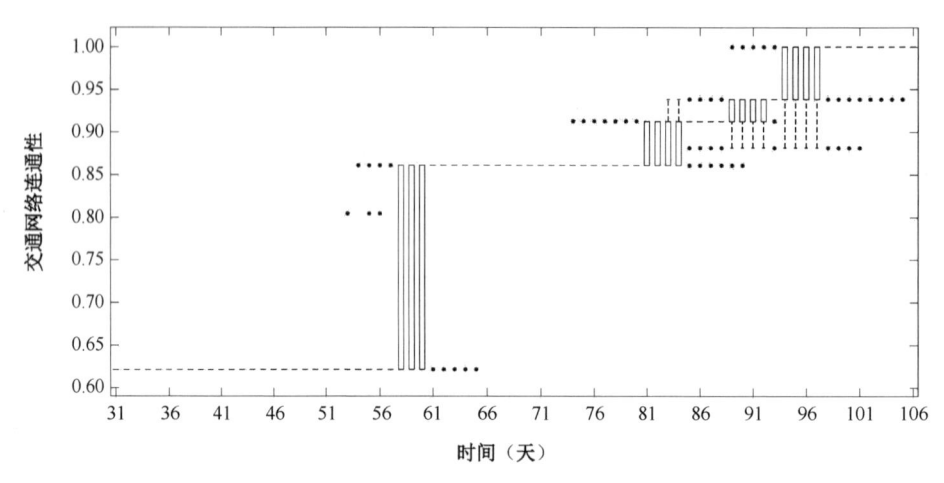

图 5.13　随机环境下最优恢复策略的公路网络连通性恢复情况

即使已知各路段恢复时长 d_b 的概率分布,仍然难以用数学方法推导出恢复结果各项指标的概率分布,这也是实际工程中面临的问题。因此,本书采用非参数 Bootstrap 方法对模型求解结果的可靠性进行分析。非参数 Bootstrap 方法由 Efron 提出,是近代统计学中一种重要并且实用的统计推断方法,它无需对总体分布类型作任何假设,仅利用 Bootstrap 样本就可以对总体的统计量进行统计推断,因而应用广泛。表 5.10 列出了非参数 Bootstrap 方法对各项恢复结果期望值的估计量,包括标准误差(standard error)、均方误差(mean square error)和 95%置信区间。

表 5.10　恢复结果的期望在 Bootstrap 方法下的估计量

恢复结果	标准误差	均方误差	95%置信区间	
			上界	下界
$E(R_r) = 0.5656$	4.9181e-04	2.4674e-07	0.5647	0.5663
$E(R_v) = 0.8979$	1.5078e-04	2.1411e-08	0.8976	0.8981
$E(P_X) = 1434.18$	0.3438	0.1168	1433.50	1434.70
$E(D_X) = 65.16$	0.0735	0.0053	65.02	65.26

在随机环境下，同样选择最优恢复策略和上述两组经验性恢复策略进行比较。三种策略的恢复结果见表 5.11。图 5.14 和图 5.15 分别是流量优先恢复策略和介数优先恢复策略的恢复结果在随机环境下的分布直方图。显然，相比经验性恢复决策，本章的优化模型和求解算法在随机环境下仍然能够提供更有效的决策。

表 5.11 随机环境下三种策略的恢复结果

恢复结果	最优恢复策略	流量优先恢复策略	介数优先恢复策略
$E(R_r)$	0.5656	0.2068	0.0926
$E(R_v)$	0.8979	0.8360	0.8097
$E(P_X)$	1434.18	2639.22	3146.55
$E(D_X)$	65.16	118.97	136.12

在本算例中，确定性环境下的平均算法计算时间为 20.3 分钟，随机环境下的平均算法计算时间为 15982.1 分钟。显然，随机环境下的算法效率不高。但随机环境下的算法计算时间与样本数量高度正相关。因此，在实际工作中，决策者可以通过将样本数量减少到可接受的水平，如 100 个样本，使算法计算时间实际可行。此外，未来的研究工作可以开发一些先进的算法，如并行算法，以提高算法的效率。

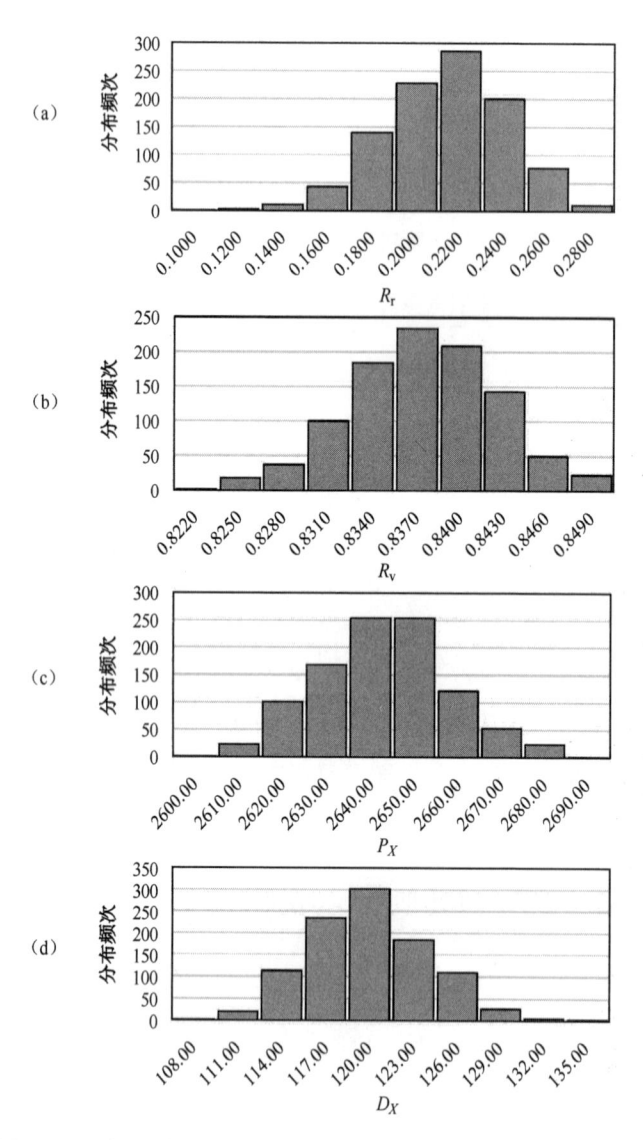

图 5.14 随机环境下流量优先恢复策略的恢复结果的分布直方图

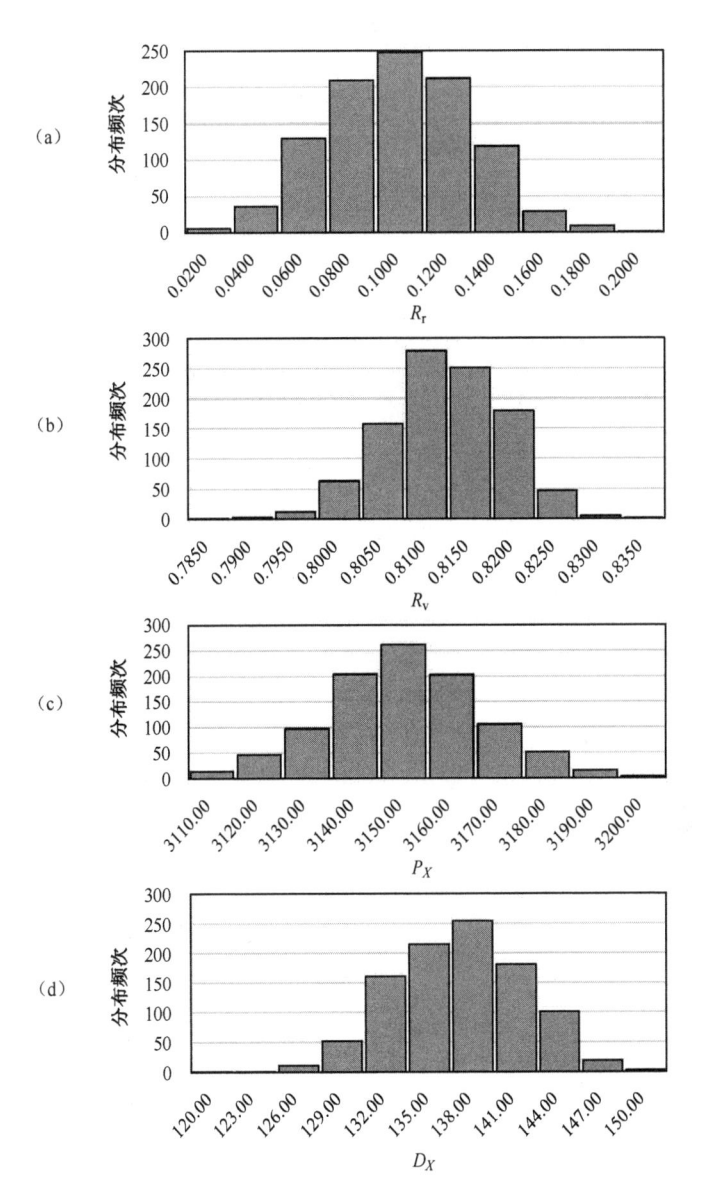

图 5.15 随机环境下介数优先恢复策略的恢复结果的分布直方图

5.6.3　模型算法有效性分析

本节分析模型算法的有效性，在资源、资金、通行时间容忍系数、决策者偏好的参数取值变化的情况下，检验模型算法是否仍然能够得到最优恢复策略，以及这些参数对公路网络应急恢复阶段恢复策略和恢复结果的影响。为展示方便，本节的实验和分析均在确定性环境下进行。

1. 资源的影响

表 5.12 列出了三种 N_{max} 取值下的最优恢复策略及其恢复结果，其他参数保持不变。$N_{max}=1$ 时的恢复结果最差，总恢复时间超过最大可接受的恢复时间，这说明相对于应急恢复阶段需要维修的路段，资源不足。随着 N_{max} 的增加，各项恢复结果逐步改善。可以看到，N_{max} 的变化会改变路段的恢复时序，但不会改变应急恢复阶段需要恢复的关键路段的编号。因此，当资源数量提高到一定程度后（当资源的边际效益为 0 时，再投入工程队也不会改善恢复时序），恢复结果不再改善，本算例中为 $N_{max}=8$。资源不足显然会造成恢复工程延误，但实验表明，资源也不是越多越好，过多的资源投入只会产生资源浪费，而无法得到更好的恢复结果。因此，在实际的恢复工程中，可以利用本章的方法检查资源部署的合理性。

表 5.12　三种 N_{max} 取值下的最优恢复策略及恢复结果

最优恢复策略及恢复结果	$N_{max}=1$	$N_{max}=3$	$N_{max}=5$
弹复性指标 R_r	0.0000	0.5800	0.7400
弹复性指标 R_v	0.7466	0.8851	0.9155

续表

最优恢复策略及恢复结果	$N_{max}=1$	$N_{max}=3$	$N_{max}=5$
总恢复成本 P_X	1432	1432	1432
总恢复时长 D_X	186	63	39
最优恢复策略	Team 1: 67, 39, 34, 17, 77, 42, 35, 37, 40	Team 1: 67, 39, 17 Team 2: 34, 37, 42 Team 3: 77, 40, 35	Team 1: 67, 77 Team 2: 39, 35 Team 3: 34, 40 Team 4: 42, 37 Team 5: 17

2. 资金的影响

表 5.13 列出了四种 P_{max} 取值下的最优恢复策略及其恢复结果，其他参数保持不变。$P_{max}=1000$ 时，无符合成本约束的恢复策略。$P_{max}=1500$ 和 $P_{max}=2000$ 时，最优恢复策略的待恢复路段编号和恢复时序均有不同。$P_{max}=2000$ 时的最优恢复策略的弹复性更高，恢复时间更短，但恢复成本也更高。这表明本章的优化方法可以针对不同成本预算给出相应的最优恢复策略。$P_{max}=2000$ 和 $P_{max}=2500$ 时的最优恢复策略完全相同。且在本算例中，根据实验结果可知，$P_{max} \geq 2000$ 时，继续增加 P_{max} 不会再改变最优恢复策略。与资源类似，资金不足或过多都是不合适的。通过对资金和资源的分析可以看到，单方面增加资源或资金都不是明智的决定，将两者相匹配才能取得更好的决策效果。

表 5.13　四种 P_{max} 取值下的最优恢复策略及恢复结果

最优恢复策略及恢复结果	$P_{max}=1000$	$P_{max}=1500$	$P_{max}=2000$	$P_{max}=2500$
弹复性指标 R_r	——	0.5800	0.6000	0.6000
弹复性指标 R_v	——	0.8851	0.8951	0.8951

续表

最优恢复策略及恢复结果	P_{max}=1000	P_{max}=1500	P_{max}=2000	P_{max}=2500
总恢复成本 P_X	——	1432	1536	1536
总恢复时长 D_X	——	63	60	60
最优恢复策略	——	Team 1: 67, 39, 17 Team 2: 34, 37, 42 Team 3: 77, 40, 35	Team 1: 34, 36 Team 2: 39, 17, 43 Team 3: 67, 66, 77, 38	Team 1: 34, 36 Team 2: 39, 17, 43 Team 3: 67, 66, 77, 38

3. 通行时间容忍系数的影响

表 5.14 列出了三种 τ 取值下的最优恢复策略及其恢复结果，其他参数保持不变。可以看出，τ 对最优恢复策略和恢复效果有重要影响。随着 τ 的增大，最优恢复策略的待恢复路段编号和恢复时序均发生了变化，待恢复路段数量、P_X 和 D_X 降低，R_r 和 R_v 增大。τ 反应了应急恢复阶段结束时公路网络的效率，体现了效率方面的恢复目标。因此，当应急恢复阶段的资源或资金不足时，决策者可以适当调整通行效率的目标值，即提高 τ 的值，以便能够得到一个可行的恢复策略。但是，τ 与应急恢复阶段结束时 OD 对之间的实际通行时间正相关，提高 τ 意味着降低应急恢复阶段结束时公路网络的效率。而过低的通行效率可能会无法满足运输需求。因此，决策者应当根据实际情况确定 τ 的取值，以便运输需求和可利用的资源、资金达到平衡。

表 5.14 三种 τ 取值下的最优恢复策略及恢复结果

最优恢复策略及恢复结果	$\tau = 1.5$	$\tau = 2.0$	$\tau = 2.5$
弹复性指标 R_r	0.5800	0.8067	0.8133
弹复性指标 R_v	0.8851	0.9547	0.9717
总恢复成本 P_X	1432	762	700

续表

最优恢复策略及恢复结果	$\tau = 1.5$	$\tau = 2.0$	$\tau = 2.5$
总恢复时长 D_X	63	29	28
最优恢复策略	Team 1: 67, 39, 17 Team 2: 34, 37, 42 Team 3: 77, 40, 35	Team 1: 39, 47 Team 2: 34 Team 3: 28, 67	Team 1: 70 Team 2: 28, 78 Team 3: 36

4. 决策者偏好的影响

表 5.15 列出了两种 ε 取值下的最优恢复策略及其恢复结果，其他参数保持不变。两种恢复策略的待恢复路段编号和恢复时序均不相同。$\varepsilon = 0.3$ 时，最优恢复策略的 R_v 较大，即网络性能累计损失较小；$\varepsilon = 0.5$ 时，最优恢复策略的 R_t 较大，即网络性能的恢复速度较快。

表 5.15 两种 ε 取值下的最优恢复策略及恢复结果

最优恢复策略及恢复结果	$\varepsilon = 0.3$	$\varepsilon = 0.5$
弹复性指标 R_t	0.5600	0.5800
弹复性指标 R_v	0.8958	0.8851
总恢复成本 P_X	1496	1432
总恢复时长 D_X	66	63
最优恢复策略	Team 1: 34, 35, 37 Team 2: 39, 77, 17 Team 3: 67, 40, 64, 62	Team 1: 67, 39, 17 Team 2: 34, 37, 42 Team 3: 77, 40, 35

5.6.4 管理启示

实验分析表明，本章模型和算法对在公路网络应急恢复阶段如何确定需要恢复的关键路段及其恢复时序具有重要的指导意义。它也为决策者提供了如下管理启示和决策建议。

（1）在恢复过程中，资源和资金的配置要相互匹配。单方面增加资源或资金超过一定水平，恢复效果将不会再继续得到改善。

（2）增加通行时间容忍系数的取值可以在资源或资金不足的情况得出一个可行的恢复决策。然而，通行时间容忍系数的增加也会导致公路网络运输效率的降低，并可能无法满足应急恢复阶段结束时的运输需求。因此，作为效率方面的恢复目标之一，通行时间容忍系数的取值应根据实际情况谨慎确定。

本章的模型和算法为决策者制定有效决策，研究上述参数之间的相互关系，检验参数设置的合理性和有效性提供了一种有效的方法。

5.7 本章小结

本章研究了公路网络应急恢复阶段决策优化问题。该问题要求决策者综合考虑公路网络连通性、公路网络用户的路径选择行为和应急恢复阶段环境的不确定性，同时决定哪些受损路段需要在应急恢复阶段优先恢复，以及这些路段的维修时序，从而使公路网络的恢复效果最佳。在第 4 章研究的基础上，分别对确定性环境和随机环境建立了基于弹复性的公路网络应急恢复阶段决策双层优化模型，并设计了相应的双层求解算法。最后，通过在某区域货运道路网络上的案例分析，验证了本章模型和算法能有效求解确定性和随机环境下大规模公路网络应急恢复阶段的最优恢复策略；分析了资源、资金、通行时间容忍系数、决策者偏好对公路网络应急恢复阶段恢复策略和恢复结果的影响，并给出了相应的管理启示和决策建议。

第 6 章

基于弹复性的公路网络全面恢复阶段决策优化方法

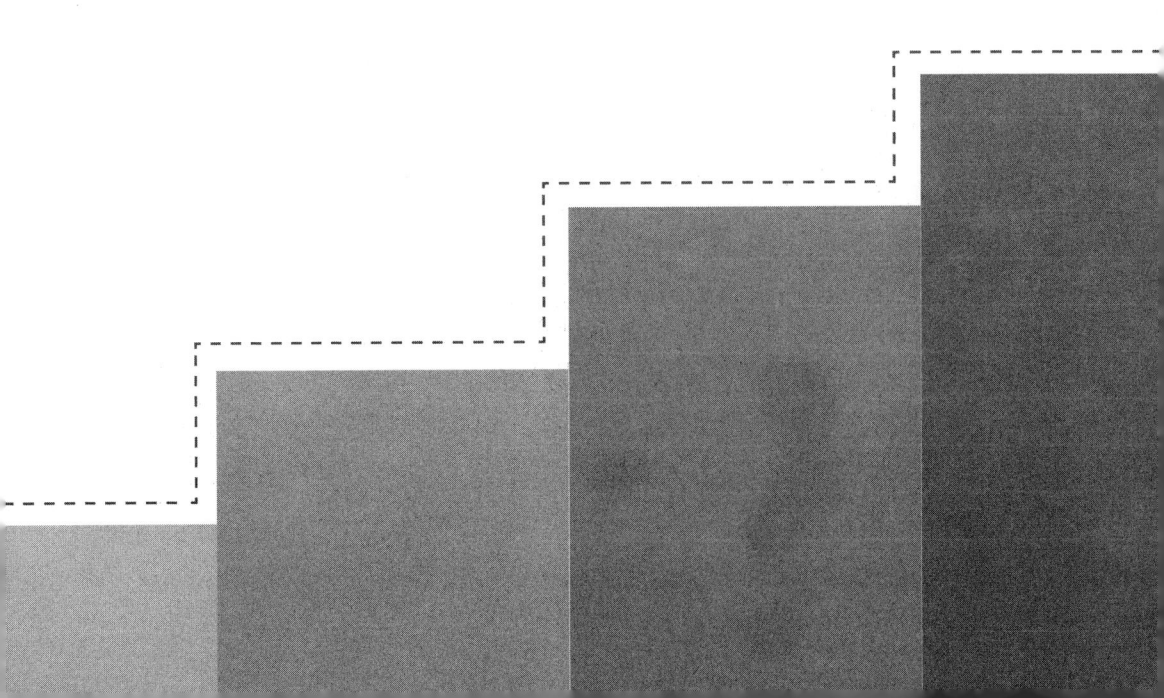

在第 4 章的研究基础上，针对公路网络自身特点以及全面恢复阶段的需求，将路网容量作为全面恢复阶段公路网络的性能指标，研究公路网络全面恢复阶段决策优化问题。首先对本章研究问题进行界定和描述，说明建立模型所需要的符号表达和假设条件。随后给出全面恢复阶段公路网络路网容量的度量方法，建立基于弹复性的公路网络全面恢复阶段决策三层优化模型，并设计三层模型的求解算法。最后通过某区域货运道路网络来验证本章模型和算法的有效性。

6.1 问题分析

应急恢复阶段结束后，公路网络的恢复工程会进入全面恢复阶段，这个阶段同样非常重要，因为它决定了公路网络的整体性能和服务水平能否得到更快更好地恢复，进而为社会提供全面的服务。在公路网络大面积受损的情况下，全面恢复阶段任务繁重，持续时间较长，恢复工程可能会被划分为多个阶段。在每个阶段，决策者同样需要根据恢复目标在众多受损路段中确定部分优先恢复路段及这部分路段的恢复时序。因此，公路网络全面恢复阶段同样面临恢复选择与排程集成问题。与第 4 章的网络恢复选择与排程集成问题、第 5 章的公路网络应急恢复阶段决策优化问题相比，本章问题有以下两点不同。

（1）需同时考虑公路网络用户的出行目的地选择行为和路径选择行为。第 4 章的网络恢复选择与排程集成问题不需要考虑用户的任何选择行为。第 5

章的公路网络应急恢复阶段，用户的日常出行量会大幅下降，应急物资配送和救灾救援等运输需求也相对可控，因此该阶段各OD对之间的交通出行量可视为相对固定，即OD分布结构固定不变。这种情况下，恢复决策仅考虑用户的路径选择行为即可。但是进入全面恢复阶段后，用户的日常出行量也会大幅增加。而在现实生活中，由于用户的日常出行需求具有多样性，因此这部分出行需求的目的地分布结构并不固定。这就导致在全面恢复阶段，恢复决策必须同时考虑公路网络用户的出行目的地选择行为和路径选择行为。

（2）需考虑公路网络路网容量。如前所述，全面恢复阶段重点关注公路网络的整体性能和服务水平。为体现这一目标，本章以考虑服务水平的路网容量作为公路网络性能指标。路网容量表示公路网络所有OD对之间可达到的最大通行量之和，它为决策者的流量控制和需求管理工作提供了重要信息。关于路网容量的研究众多，这类研究多采用双层优化模型，上层模型确定路网容量，下层模型分析上层路网容量结构下的交通网络用户行为。

考虑上述两个问题会极大地增加问题的解决难度，尤其是路网容量的研究本身即为建模和求解都相对复杂的双层优化模型。但上述两个问题针对公路网络和全面恢复阶段的特点提出，综合考虑它们能够提高全面恢复阶段恢复决策的合理性和有效性，对指导实践工作具有极其重要的意义。因此，针对全面恢复阶段的特点，本章将路网容量作为公路网络的性能指标，同时考虑公路网络用户的出行目的地选择行为和路径选择行为，研究当公路网络大范围受损，以及面临任务的紧迫性、可以利用的资金和资源等约束时，如何决策最佳的待恢复关键路段及这些路段的最佳恢复时序。

6.2 符号说明和模型假设

6.2.1 符号说明

本章所建立的公路网络全面恢复阶段恢复选择与排程集成决策优化模型中的参数符号说明详见表 6.1。

表 6.1 符号说明

符号类别	符号表示	符号含义
集合	A	公路网络全部路段的集合
	N	公路网络全部路口和 OD 点的集合
	I	公路网络全部起始点的集合，$I \subseteq N$
	J	公路网络全部目的地的集合，$J \subseteq N$
	B	灾害发生后，公路网络中受损路段的集合，$B \subseteq A$
	$P_{ij}^{t_k}$	t_k 时刻，连接 OD 对 ij 的所有路径的集合，$I \subseteq N$，$J \subseteq N$
参数	t_0	初始时刻，公路网络正常运行，灾害尚未发生
	t_e	灾害发生的时刻
	t_s	全面恢复阶段开始时刻
	l_a	路段 a 的长度，$a \in A$
	$V_a^{t_0}$	路段 a 的初始限速（未受损状态下的限速），$a \in A$
	$C_a^{t_0}$	路段 a 的初始容量（未受损状态下的始通行能力），$a \in A$
	$v_b^{t_e}$	受损路段 b 的初始受损程度，$0 < v_b^{t_e} \leq 1$，$b \in B$
	$P_{\max}$	当前恢复阶段恢复工程的总成本预算，该预算受可调动资金的约束
	f_b	受损路段 b 的恢复工程的固定成本，$b \in B$

续表

符号类别	符号表示	符号含义
参数	N_{max}	当前恢复阶段能同时恢复的最大受损路段的数量，本书假设每条路段的恢复工程由一个工程队完成，因此该数量也表示工程队数量，该数量受可调动的人力、物力等资源限制
	D_{max}	当前恢复阶段最大可接受的网络性能恢复时长
	Δt	固定时间步长，将网络性能转化为离散型，以便计算
	ρ	路网容量恢复目标，表示决策者期望的当前恢复阶段的系统性能恢复的程度，$0<\rho\leq1$
	γ	公路网络平均通行时间容忍系数，当灾后公路网络的平均通行时间大于灾前平均通行时间的 γ 倍时，表示公路网络的服务水平无法满足全面恢复阶段的需求；反之，灾后公路网络的平均通行时间满足需求
	ε	偏好系数，表示决策者对两个弹复性优化目标的偏好程度
	Q_{max}	公路网络所在地区可能产生的最大交通出行量
	p_i	起始点 i 的出行量占地区总出行量的比例，$0\leq p_i\leq1$，$i\in I$
	$\bar{p}_i$	起始点 i 上目的地分布结构固定的出行量占起始点 i 的总出行量的比例，$0\leq\bar{p}_i\leq1$，$i\in I$
	$\bar{p}_{ij}$	起始点 i 上目的地分布结构固定的出行量中分配到目的地 j 上的比例，$0\leq\bar{p}_{ij}\leq1$，$i\in I$，$j\in J$
	θ	分布参数，与用户对目的地成本的感知误差相关
决策变量	x_b	受损路段 b 开始恢复的时刻，$x_b=0$ 或 $x_b\geq t_s$，$b\in B$。$x_b=0$ 表示在当前恢复阶段不对受损路段 b 进行修复；$x_b\geq t_s$ 表示在当前恢复阶段对受损路段 b 进行修复，并且修复工作开始的时刻为 x_b
	Q^{t_k}	t_k 时刻，公路网络的路网容量
	$h_a^{t_k}$	t_k 时刻，均衡状态下路段 a 的交通流量，$a\in A$
	$\hat{q}_{ij}^{t_k}$	t_k 时刻，均衡状态下，起始点 i 上目的地分布结构不固定的出行量中分配到目的地 j 上的出行量，$i\in I$，$j\in J$
计算变量	X	向量 $X=(x_b)_{b\in B}$ 表示当前恢复阶段的恢复策略
	R_r	弹复性指标，从网络性能恢复速度度量弹复性
	R_v	弹复性指标，从网络性能累计损失度量弹复性
	$\varphi(t_0)$	灾害发生前公路网络的性能
	$\varphi(t_k)$	t_k 时刻，公路网络的性能
	d_b	受损路段 b 的恢复工程的持续时长，$b\in B$

续表

符号类别	符号表示	符号含义
计算变量	c_b	受损路段 b 的恢复工程的成本，$b \in B$
	D_X	恢复策略 X 对应的公路网络性能恢复时长，表示从当前恢复阶段开始时刻 t_s 到网络性能恢复到目标值的时间间隔
	N^{t_k}	t_k 时刻，同时恢复的受损路段的数量
	P_X	恢复策略 X 对应的总恢复成本
	$V_a^{t_k}$	t_k 时刻，路段 a 的限速，$a \in A$
	$C_a^{t_k}$	t_k 时刻，路段 a 的容量，$a \in A$
	$v_b^{t_k}$	t_k 时刻，受损路段 b 的受损程度，$0 < v_b^{t_k} \leq 1$，$b \in B$
	$O_i^{t_k}$	t_k 时刻，起始点 i 的出行量，$i \in I$
	$\bar{O}_i^{t_k}$	t_k 时刻，起始点 i 上目的地分布结构固定的出行量，$i \in I$
	$\hat{O}_i^{t_k}$	t_k 时刻，起始点 i 上目的地分布结构不固定的出行量，$i \in I$
	$\bar{q}_{ij}^{t_k}$	t_k 时刻，起始点 i 上目的地分布结构固定的出行量中分配到目的地 j 上的出行量，$i \in I$，$j \in J$
	$z_{0a}^{t_0}$	灾害发生前，路段 a 上的初始 0 流通行时间，$a \in A$
	$z_{0a}^{t_k}$	t_k 时刻，路段 a 上的 0 流通行时间，$a \in A$
	$z_a^{t_k}$	t_k 时刻，路段 a 上的通行时间，$a \in A$
	$z_{ij}^{t_k}$	t_k 时刻，均衡状态下 OD 对 ij 之间的通行时间，$i \in I$，$j \in J$。如果 OD 对 ij 之间没有可连通的路径，则 $z_{ij}^{t_k} = +\infty$
	$z_G^{t_0}$	灾害发生前，均衡状态下公路网络的平均通行时间
	$z_G^{t_k}$	t_k 时刻，均衡状态下公路网络的平均通行时间
	f_{ij}^{p,t_k}	t_k 时刻，OD 对 ij 之间目的地分布结构不固定的出行量分配在连通 ij 的第 p 条路径上的流量，$i \in I$，$j \in J$，$p \in P_{ij}^{t_k}$
	h_{ij}^{p,t_k}	t_k 时刻，OD 对 ij 之间目的地分布结构固定的出行量分配在连通 ij 的第 p 条路径上的流量，$i \in I$，$j \in J$，$p \in P_{ij}^{t_k}$
	δ_{ij}^{ap,t_k}	0—1 变量，表示 t_k 时刻路径和路段的关系，$i \in I$，$j \in J$，$p \in P_{ij}^{t_k}$。若 t_k 时刻，路段 a 在 OD 对 ij 之间的第 p 条路径上，其值为 1，否则为 0

6.2.2 模型假设

本章所建立的公路网络全面恢复阶段恢复选择与排程集成决策优化模型基本假设如下。

假设 1：地区总出行量可以达到路网容量上限。因此，本章中满足一定服务水平的路网容量 Q^{t_k} 也表示可被满足的地区总出行量。

假设 2：在公路网络恢复期间，各起始点的出行量 $O_i^{t_k}$ 占地区总出行量 Q^{t_k} 的比例 p_i 固定不变；各起始点上目的地分布结构固定的出行量 $\bar{O}_i^{t_k}$ 占各起始点的总出行量 $O_i^{t_k}$ 的比例 $\bar{p}_i$ 固定不变；各起始点上目的地分布结构固定的出行量 $\bar{O}_i^{t_k}$ 中分配到目的地 j 上的比例 $\bar{p}_{ij}$ 固定不变。

假设 3：路段 b 受损后，通行能力（路段容量）和路段限速均受到影响，其他非受损路段的通行能力和路段限速则保持不变。

假设 4：灾害发生后，公路网络的性能立刻降低到最低点，随着恢复措施的开展逐步上升恢复。

假设 5：受损路段 b 的恢复工程结束前，它的受损程度 $v_b^{t_k}$ 保持在初始受损程度 $v_b^{t_k}$ 不变，受损路段 b 的恢复工程结束后，$v_b^{t_k}$ 立刻变为 0，这也意味着路段 b 的通行能力和路段限速立刻恢复到受损前的状态。

假设 6：每条受损路段的恢复工程由一个工程队完成，某条路段的恢复工程开始后，工程队必须完成该路段的恢复工程后才能继续恢复下一条路段。因此，该假设表示最大可用的工程队数量也为 $N_{\max}$。

假设 7：对公路网络上用户行为的均衡分析以固定步长 Δt 为基础，不考虑步长内的动态变化。

6.3 公路网络路网容量度量

如前所述，关于路网容量的研究往往采用双层优化模型，模型上层确定路网容量，下层分析上层路网容量结构下的交通网络用户行为。因此，为体现公路网络的整体性能和服务水平，本章在已有研究基础上，增加对公路网络平均通行效率的考虑，建立求解路网容量的双层模型，并将该路网容量指标作为公路网络全面恢复阶段的性能指标。该模型同时考虑用户出行的目的地选择行为和路径选择行为，求解满足给定平均通行效率情况下的路网容量，能够更好体现公路网络的整体性能和服务水平。

上层模型求解满足网络平均通行效率要求的路网容量，具体模型如下。

$$\max Q \tag{6.1}$$

s.t.

$$0 < Q \leqslant Q_{\max} \tag{6.2}$$

$$h_a \leqslant C_a, \quad a \in A \tag{6.3}$$

$$O_i = p_i \times Q, \quad i \in I \tag{6.4}$$

$$0 \leqslant p_i \leqslant 1, \quad i \in I \tag{6.5}$$

$$\sum_{i \in I} p_i = 1 \tag{6.6}$$

$$\overline{O}_i = \overline{p}_i \times O_i, \quad i \in I \tag{6.7}$$

$$\hat{O}_i = (1 - \overline{p}_i) \times O_i, \quad i \in I \tag{6.8}$$

$$0 \leqslant \bar{p}_i \leqslant 1, \quad i \in I \qquad (6.9)$$

$$\bar{q}_{ij} = \bar{p}_{ij} \times \bar{O}_i, \quad i \in I, \quad j \in J \qquad (6.10)$$

$$0 \leqslant \bar{p}_{ij} \leqslant 1, \quad i \in I, \quad j \in J \qquad (6.11)$$

$$\sum_{j \in J} \bar{p}_{ij} = 1, \quad i \in I \qquad (6.12)$$

$$z_G = \frac{\sum_{i \in I} \sum_{j \in J} z_{ij} \times (\bar{q}_{ij} + \hat{q}_{ij})}{\sum_{i \in I} \sum_{j \in J} (\bar{q}_{ij} + \hat{q}_{ij})} \leqslant Z \qquad (6.13)$$

其中，目标函数（6.1）寻求路网容量 Q，即所有 OD 对之间通行量之和的最大化。约束条件（6.2）给出路网容量 Q 的取值范围，路网容量上限 $Q_{\max}$ 由公路网络所在地区的现状、发展规划和潜力共同决定。在本模型中，路网容量 Q 既是目标函数，又是决策变量。约束条件（6.3）规定了路段流量 h_a 的上限，即路段容量 C_a。其中，路段流量 h_a 通过求解下层模型得到。约束条件（6.4）表示起始点 i 的出行量 O_i。约束条件（6.5）和（6.6）表示起始点 i 的出行量 O_i 占地区总出行量 Q 的比例 p_i 的取值范围。约束条件（6.7）和（6.8）分别表示起始点 i 上目的地分布结构固定和不固定的出行量，$\bar{O}_i$ 和 $\hat{O}_i$。约束条件（6.9）表示起始点 i 上目的地分布结构固定的出行量 $\bar{O}_i$ 占起始点 i 的总出行量 O_i 的比例 $\bar{p}_i$ 的取值范围。约束条件（6.10）表示起始点 i 上目的地分布结构固定的出行量 $\bar{O}_i$ 中分配到目的地 j 上的出行量 $\bar{q}_{ij}$。约束条件（6.11）和（6.12）给出约束条件（6.10）中固定目的地分布结构参数 $\bar{p}_{ij}$，即 $\bar{q}_{ij}$ 占 $\bar{O}_i$ 比例的取值范围。约束条件（6.13）要求均衡状态下公路网络平均通行时间 z_G 小于等于给定值 Z，该约束条件体现了对公路网络整体性能和服务水平的要求。

下层模型采用本书 2.4.3 节中介绍的均衡出行分布和交通配流组合模型，分析上层路网容量结构下的公路网络用户出行的目的地选择行为和路径选择行为，以便为上层模型提供均衡状态下的路段流量 h_a。模型的具体表达式详见 2.4.3 节公式（2.13）～（2.20），此处不再赘述。

6.4 基于弹复性的公路网络全面恢复阶段决策优化模型

6.4.1 模型总体架构

选取考虑平均通行效率的路网容量作为公路网络性能指标，本书建立了基于弹复性的三层优化模型来解决全面恢复阶段公路网络的恢复选择与排程集成问题。三层优化模型的交互逻辑见图 6.1。与 5.4 节建模思路类似，将 4.4 节中的基于弹复性的网络恢复选择与排程集成决策优化模型中的恢复目标改为公路网络全面恢复阶段恢复目标，得到上层模型，用来确定全面恢复阶段

```
┌─────────────────────────────────────────────────┐
│ 上层模型——基于弹复性的网络恢复选择与排程集成决策优化模型 │
└─────────────────────────────────────────────────┘
        │ 恢复策略                    ▲ 路网容量
        ▼                            │
┌─────────────────────────────────────────────────┐
│ 中层模型——带时间序列的考虑平均通行效率的路网容量模型  │
└─────────────────────────────────────────────────┘
        │ 各起始点的出行量            ▲ 路段流量
        ▼                            │
┌─────────────────────────────────────────────────┐
│ 下层模型——带时间序列的均衡运量分布和交通配流组合模型 │
└─────────────────────────────────────────────────┘
```

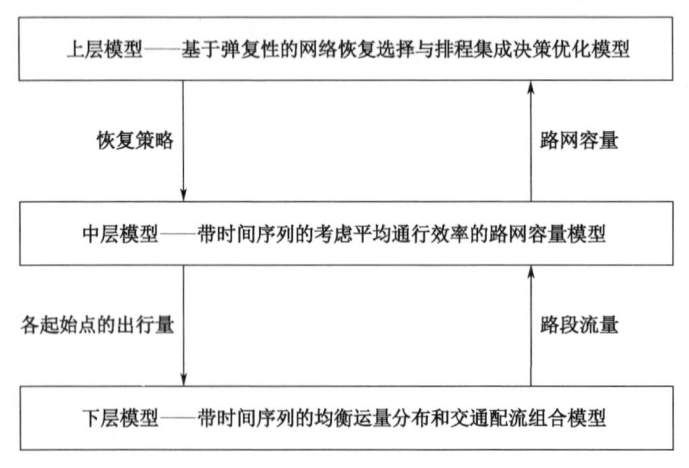

图 6.1　三层优化模型交互逻辑图

需要优先恢复的关键路段及其恢复时序,目标函数是弹复性指标 R_r 和 R_v 最大化,决策变量是各受损路段开始恢复的时刻 x_b。中层模型和下层模型合起来是一个带时间序列的考虑平均通行效率的路网容量双层模型,中层模型用来求解各 t_k 时刻下路网容量的恢复情况,下层模型用来分析各 t_k 时刻下用户的出行目的地选择行为和路径选择行为。将上层模型的决策变量作为参数输入中层模型,以便中层模型计算各路段的恢复情况,即各 t_k 时刻下的网络结构。然后,中层模型给出各 t_k 时刻下的路网容量、各起始点的目的地分布结构固定和不固定的出行量,并将这些变量作为参数输入下层模型,以便下层模型计算各 t_k 时刻均衡状态下的路段流量。接下来,下层模型得到的各 t_k 时刻均衡状态下的路段流量重新输入中层模型,以便中层模型判断路段流量和公路网络平均通行时间的约束条件是否满足。最后,满足条件的路网容量的恢复情况,即各 t_k 时刻下的 $\varphi(t_k)$,被重新输入上层模型,以便上层模型计算弹复性指标 R_r 和 R_v。

6.4.2 三层优化模型

上层模型如下所示。

$$\max R_r = \begin{cases} 1 - D_X / D_{\max}, & \text{当} D_X \leq D_{\max} \text{时} \\ 0, & \text{当} D_X > D_{\max} \text{时} \end{cases} \tag{6.14}$$

$$\max R_v = 1 - \frac{\sum_{k=1}^{K} (\varphi(t_0) - \varphi(t_k)) \times \Delta t}{D_{\max} \times \varphi(t_0)} \tag{6.15}$$

s.t.

$$t_1 = t_s, \ t_K = t_s + D_X - \Delta t, \ t_{k+1} - t_k = \Delta t \tag{6.16}$$

$$\varphi(t_s + D_X) \geqslant \rho \times \varphi(t_0) \tag{6.17}$$

$$x_b = 0 \text{ 或 } x_b \geqslant t_s, \quad b \in B \tag{6.18}$$

$$d_b = m \times v_b^{t_e} \times l_b, \quad b \in B \tag{6.19}$$

$$c_b = f_b + n \times d_b, \quad b \in B \tag{6.20}$$

$$D_X = \max_{b \in B, x_b \neq 0} (x_b + d_b - t_s) \tag{6.21}$$

$$N^{t_k} = \sum_{b \in B, x_b \neq 0} [t_k \geqslant x_b][t_k \leqslant x_b + d_b] \leqslant N_{\max} \tag{6.22}$$

$$P_X = \sum_{b \in B} c_b \times [x_b > 0] \leqslant P_{\max} \tag{6.23}$$

其中，目标函数（6.14）和（6.15）表示最大化弹复性指标 R_r 和 R_v。约束条件（6.16）表示模型计算的离散时间集合。约束条件（6.17）表示路网容量的恢复目标值，即恢复到不低于灾害发生前的路网容量的 ρ 倍。约束条件（6.18）表示决策变量 x_b 的取值范围。$x_b = 0$ 表示不对受损路段 b 进行修复；$x_b \geqslant t_s$ 表示对受损路段 b 进行修复，且修复工作开始的时刻为 x_b。约束条件（6.19）表示受损路段 b 的恢复工程持续时长 d_b。该时长与路段长度 l_b 和受损程度 $v_b^{t_e}$ 成正比，m 是控制变量。约束条件（6.20）表示受损路段 b 的恢复工程成本 c_b，该成本由固定成本 f_b 和可变成本 $n \times d_b$ 构成，可变成本与受损路段的恢复工程持续时长 d_b 成正比，n 是控制变量。约束条件（6.21）表示恢复策略 X 对应的恢复时长 D_X。约束条件（6.22）表示同时恢复的受损路段数量 N^{t_k} 不能超过工程队数量 $N_{\max}$。约束条件（6.23）表示当前恢复阶段的总工程成本 P_X 不能超过总成本预算 $P_{\max}$。约束条件（6.22）和（6.23）中的 $[\cdot]$ 是判断函数，当 $\cdot$ 为真时，$[\cdot] = 1$，否则 $[\cdot] = 0$。

可以看到，本章上层模型与 5.4.2 节上层模型的差别在于恢复目标的不同。由于所处的恢复阶段不同，5.4.2 节上层模型针对应急恢复阶段，恢复目标如公式（5.5）所示，要求所有 OD 对均恢复连通，且任何一个 OD 对间的通行时间均不大于灾前通行时间的 τ 倍；而本章上层模型针对全面恢复阶段，恢复目标如公式（6.17）所示，要求路网容量恢复到灾害发生前的路网容量的 ρ 倍。

中层模型如下所示。

$$\varphi(t_k) = \max Q^{t_k}, \quad k = 0, 1, 2, \cdots, K \tag{6.24}$$

s.t.

$$0 < Q^{t_k} \leqslant Q_{\max} \tag{6.25}$$

$$h_a^{t_k} \leqslant C_a^{t_k}, \quad a \in A \tag{6.26}$$

$$O_i^{t_k} = p_i \times Q^{t_k}, \quad i \in I \tag{6.27}$$

$$0 \leqslant p_i \leqslant 1, \quad i \in I \tag{6.28}$$

$$\sum_{i \in I} p_i = 1 \tag{6.29}$$

$$\overline{O}_i^{t_k} = \overline{p}_i \times O_i^{t_k}, \quad i \in I \tag{6.30}$$

$$\hat{O}_i^{t_k} = (1 - \overline{p}_i) \times O_i^{t_k}, \quad i \in I \tag{6.31}$$

$$0 \leqslant \overline{p}_i \leqslant 1, \quad i \in I \tag{6.32}$$

$$\overline{q}_{ij}^{t_k} = \overline{p}_{ij} \times \overline{O}_i^{t_k}, \quad i \in I, \quad j \in J \tag{6.33}$$

$$0 \leqslant \overline{p}_{ij} \leqslant 1, \quad i \in I, \quad j \in J \tag{6.34}$$

$$\sum_{j \in J} \overline{p}_{ij} = 1, \quad i \in I \tag{6.35}$$

$$z_G^{t_k} = \frac{\sum_{i \in I} \sum_{j \in J} z_{ij}^{t_k} \times \left(\overline{q}_{ij}^{t_k} + \hat{q}_{ij}^{t_k} \right)}{\sum_{i \in I} \sum_{j \in J} \left(\overline{q}_{ij}^{t_k} + \hat{q}_{ij}^{t_k} \right)} \leqslant \gamma \times z_G^{t_0} \tag{6.36}$$

$$z_{ij}^{t_k} = \begin{cases} \sum_{a \in A} z_a^{t_k} \times \delta_{ij}^{ap, t_k}, & \text{当 } ij \text{ 之间连通时}, \quad i \in I, j \in J \\ +\infty, & \text{当 } ij \text{ 之间非连通时}, \quad i \in I, j \in J \end{cases} \tag{6.37}$$

$$C_a^{t_k} = C_a^{t_0}, \quad a \in (A-B) \quad (6.38)$$

$$C_b^{t_k} = C_b^{t_0} \times \left(1 - v_b^{t_k}\right), \quad b \in B \quad (6.39)$$

$$V_a^{t_k} = V_a^{t_0}, \quad a \in (A-B) \quad (6.40)$$

$$V_b^{t_k} = V_b^{t_0} \times \left(1 - v_b^{t_k}\right), \quad b \in B \quad (6.41)$$

$$v_b^{t_k} = v_b^{t_e} \times [t_k < x_b + d_b], \quad b \in B \quad (6.42)$$

其中，公式（6.24）～（6.36）是带时间序列的路网容量模型（详见 6.3 节中的上层模型）。考虑到公路网络仍然没有完全恢复，因此约束条件（6.36）中对均衡状态下公路网络平均通行时间 $z_G^{t_k}$ 的要求改为不能超过灾前平均通行时间 $z_G^{t_0}$ 的 γ 倍。约束条件（6.37）给出均衡状态下 OD 对 ij 之间的通行时间 $z_{ij}^{t_k}$。在均衡状态下，OD 对 ij 之间流量不为 0 的路径具有相同的通行时间，所以约束条件（6.37）中的路径 p 可以取 OD 对 ij 之间任意的一条最短路径。约束条件（6.38）和（6.39）分别给出各 t_k 时刻未受损路段和受损路段的容量 $C_a^{t_k}$ 和 $C_b^{t_k}$。约束条件（6.40）和（6.41）分别给出各 t_k 时刻未受损路段和受损路段的限速 $V_a^{t_k}$ 和 $V_b^{t_k}$。约束条件（6.42）给出各 t_k 时刻受损路段的受损程度 $v_b^{t_k}$，$[\cdot]$ 是判断函数，当 $\cdot$ 为真时，$[\cdot]=1$，否则 $[\cdot]=0$。

下层模型如下所示：

$$\min \sum_{a \in A} \int_0^{h_a^{t_k}} z_a^{t_k}(x) \mathrm{d}x + \frac{1}{\theta} \sum_{i \in I} \sum_{j \in J} \hat{q}_{ij}^{t_k} \left(\ln \hat{q}_{ij}^{t_k} - 1\right) + \sum_{j \in J} \int_0^{\sum_{i \in I} \hat{q}_{ij}^{t_k}} z_j(y) \mathrm{d}y, \quad (6.43)$$
$$k = 0, 1, 2, \cdots, K$$

s.t.

$$\sum_{j \in J} \hat{q}_{ij}^{t_k} = \hat{O}_i^{t_k}, \quad i \in I \quad (6.44)$$

$$\sum_{p \in P_{ij}^{t_k}} h_{ij}^{p, t_k} = \overline{q}_{ij}^{t_k}, \quad i \in I, \quad j \in J \quad (6.45)$$

$$\sum_{p \in P_{ij}^{t_k}} f_{ij}^{p, t_k} = \hat{q}_{ij}^{t_k}, \quad i \in I, \quad j \in J \quad (6.46)$$

$$h_a^{t_k} = \sum_{i \in I} \sum_{j \in J} \sum_{p \in P_{ij}^{t_k}} \left(f_{ij}^{p,t_k} + h_{ij}^{p,t_k} \right) \times \delta_{ij}^{ap,t_k}, \quad a \in A \tag{6.47}$$

$$f_{ij}^{p,t_k} \geqslant 0, \quad p \in P_{ij}^{t_k}, \quad i \in I, \quad j \in J \tag{6.48}$$

$$h_{ij}^{p,t_k} \geqslant 0 \quad p \in P_{ij}^{t_k}, \quad i \in I, \quad j \in J \tag{6.49}$$

$$\hat{q}_{ij}^{t_k} \geqslant 0, \quad i \in I, \quad j \in J \tag{6.50}$$

$$z_a^{t_k} = z_{0a}^{t_k} \times \left(1 + \alpha \times \left(h_a^{t_k} / C_a^{t_k} \right)^{\beta} \right), \quad a \in A \tag{6.51}$$

$$z_{0a}^{t_k} = z_{0a}^{t_0} = l_a / V_a^{t_0}, \quad a \in (A - B) \tag{6.52}$$

$$z_{0b}^{t_k} = \begin{cases} l_b / V_b^{t_k}, & \text{当 } v_b^{t_k} \neq 1 \text{时}, \quad b \in B \\ +\infty, & \text{当 } v_b^{t_k} = 1 \text{时}, \quad b \in B \end{cases} \tag{6.53}$$

其中，公式（6.43）～（6.50）是带时间序列的均衡出行分布和交通配流组合模型（详见 2.4.3 节）。约束条件（6.51）为路阻函数，本书采用美国联邦公路局 BPR 路阻函数，α、β 为模型参数，$\alpha = 0.15$，$\beta = 4$。约束条件（6.52）表示各 t_k 时刻未受损路段的 0 流通行时间 $z_{0a}^{t_k}$，该 0 流通行时间等于灾害发生前路段上的初始 0 流通行时间 $z_{0a}^{t_0}$，即路段长度 l_a 与路段初始限速 $V_a^{t_0}$ 的比值。约束条件（6.53）表示各 t_k 时刻受损路段的 0 流通行时间 $z_{0b}^{t_k}$，当 $v_b^{t_k} \neq 1$ 时，该 0 流通行时间等于路段长度 l_b 与 t_k 时刻该路段的限速 $V_b^{t_k}$ 的比值；当 $v_b^{t_k} = 1$ 时，该路段不连通，该 0 流通行时间等于 $+\infty$。

6.5 求解算法

对本章提出的三层模型，设计了一种启发式算法来求解该问题。该算法结合了 4.6 节的 GA 算法（求解上层模型）、一种一维搜索的启发式算法（求解中层模型)和 2.4.3 节的求解均衡出行分布和交通配流组合模型的凸组合算法(求解下层模型)。

6.5.1 上层模型求解算法

上层模型与 4.4 节模型类似，属于类并行机调度问题，求解算法也与 4.4 节模型类似，步骤如下。

第 1.1 步：假设所有受损路段均需要修复，根据并行机调度问题的 GA 算法编码规则生成初代种群。

第 1.2 步：对于种群中的每个染色体，根据编码规则计算每条受损路段的开工时间 x_b、完工时间 $x_b + d_b$，并输入中层算法。

第 1.3 步：对于每个染色体，根据中层算法反馈的总恢复时长 D_X、各 t_k 时刻下的路网容量 $\varphi(t_k)$ 及已恢复的受损路段，计算该染色体对应的 R_r、R_v 和 P_X 值，进而计算该染色体的适应度函数 $F_c = \varepsilon R_r + (1-\varepsilon) R_v - I_c$。

第 1.4 步：根据中层算法反馈的记录信息，按照如下规则重新计算该染色体对应的恢复策略 $X = (x_b)_{b \in B}$：如果受损路段 b 在中层算法中被记录为已恢复，那么 x_b 取在该染色体编码中对应的值，即 $x_b = x_b$，否则令 $x_b = 0$。

第 1.5 步：判断是否满足遗传算法终止条件，如果不满足，转至第 1.6 步；如果满足，转至第 1.7 步。

第 1.6 步：遗传操作，生成新一代种群，转至第 1.2 步。

第 1.7 步：输出适应度最大的个体所对应的恢复策略 $X = (x_b)_{b \in B}$，算法结束。

上述 GA 算法的具体细节与 4.6 节的 GA 算法相同，此处不再赘述。

6.5.2　中层模型求解算法

中层模型是一个目标函数与决策变量相同的带时间序列的一维极值问题。根据这一特点采用如下启发式算法求解该问题。

第 2.1 步：设定初始时刻 $t_k = t_s$，令 $k = 1$。

第 2.2 步：根据上层算法导入的各受损路段修复的开工时间 x_b 和完工时间 $x_b + d_b$，判断 t_k 时刻下受损路段的恢复情况，更新网络结构，记录已修复路段。

第 2.3 步：给出符合中层模型约束条件的初始路网容量 $Q_{(m)}^{t_k}$，令 $m = 0$。

第 2.4 步：根据 $Q_{(m)}^{t_k}$ 计算 $\bar{q}_{ij}^{t_k}$ 和 $\hat{O}_i^{t_k}$，并输入下层算法。

第 2.5 步：根据下层算法反馈的路段流量 $h_a^{t_k}$，起始点 i 上目的地分布结构不固定的出行量中分配到目的地 j 上的出行量 $\hat{q}_{ij}^{t_k}$，计算平均通行时间 $z_G^{t_k}$。

第 2.6 步：判断中层模型的约束条件（6.25）、（6.26）和（6.36）是否均得到满足。如果均得到满足，令 $Q_{(m+1)}^{t_k} = \sigma \times Q_{(m)}^{t_k}$，$m = m + 1$，然后转至第 2.4 步，$\sigma$ 为算法中的迭代步长；如果至少有一个约束条件不满足，令 $\varphi(t_k) = Q_{(m-1)}^{t_k}$，然后转至第 2.7 步。

第 2.7 步：判断是否满足中层算法终止条件。如果 $\varphi(t_k) < \rho \times \varphi(t_0)$，记录下 $\varphi(t_k)$ 的值，然后令 $k = k + 1$，转至第 2.2 步；如果 $\varphi(t_k) \geqslant \rho \times \varphi(t_0)$，则 $t_k = t_s + D_X$，记录下 $\varphi(t_k)$、D_X 的值，将所有记录下来的 $\varphi(t_k)$、已修复路段及 D_X 输入上层算法的第 1.3 步，中层算法结束。

6.5.3 下层模型求解算法

下层模型算法实际上是求解 t_k 时刻下的均衡出行分布和交通配流组合问题,步骤如下。

第 3.1 步:接收中层算法输入的 $\bar{q}_{ij}^{t_k}$ 和 $\hat{O}_i^{t_k}$ 值。

第 3.2 步:利用均衡出行分布和交通配流组合模型求解算法求解 t_k 时刻用户均衡状态下各路段上的流量 $h_a^{t_k}$,起始点 i 上目的地分布结构不固定的出行量中分配到目的地 j 上的出行量 $\hat{q}_{ij}^{t_k}$。

第 3.3 步:将 $h_a^{t_k}$ 和 $\hat{q}_{ij}^{t_k}$ 输入中层算法第 2.5 步,下层算法结束。

均衡出行分布和交通配流组合模型求解算法的具体细节见 2.4.3 节,此处不再赘述。

6.5.4 总模型求解算法

上述三层算法彼此之间的逻辑结构如图 6.2 所示。根据该逻辑结构图得到总算法流程如图 6.3 所示,其中,虚线左侧为上层模型求解算法,虚线右侧为中层和下层模型求解算法。

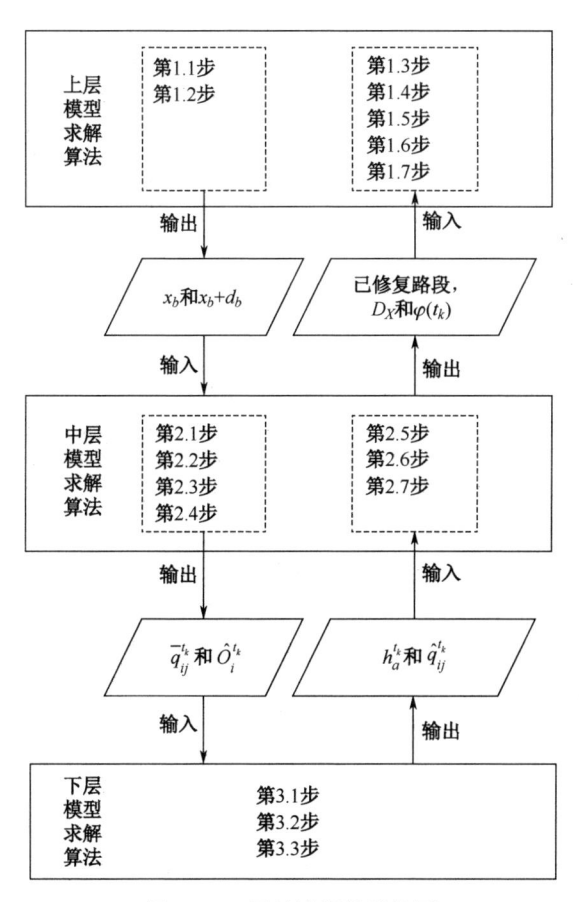

基于弹复性的公路网络全面恢复阶段决策优化方法 | 第 6 章

图 6.2　三层算法逻辑结构图

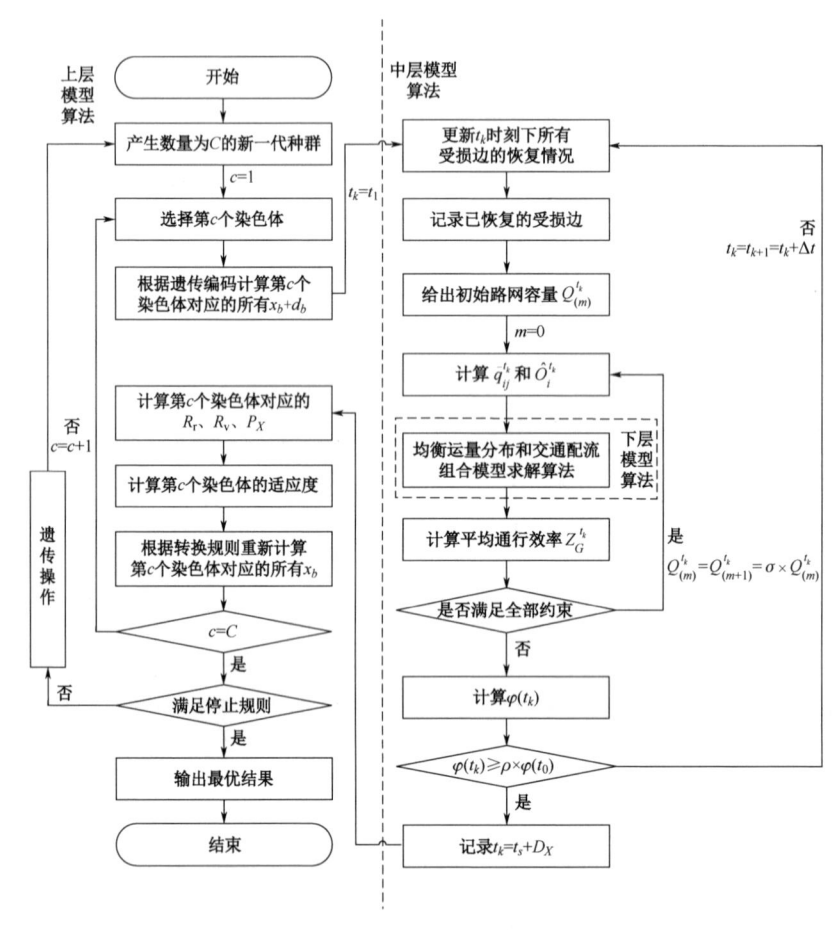

图 6.3 三层模型算法流程图

6.6 案例分析

本节以 5.6 节的某区域货运道路网络为例来说明如何使用本章模型和算法解决公路网络全面恢复阶段的选择与排程集成问题，并通过进一步的分析得到一些管理启示。

6.6.1 实验设计及参数设置

根据 GIS 信息生成该货运道路网络的网络结构图如图 6.4 所示，包含 62 个节点，122 条边，其中节点 3、8、16、25、36、44、51、60、61、62 互为 OD 节点，共 10 个，其他节点表示道路的交汇处。所有路段的属性特征见 5.6.1 节中表 5.2。

根据 5.6.1 节假设，在 $t_e=30$ 天时图 6.4 标记处（虚线圈中间）发生地震，图 6.4 虚线圈中共计有 30 条路段发生不同程度损坏，其他路段未受损坏。路段受损程度有两类：完全损坏，即 $v_b^{t_e}=1$，路段无法使用；半幅通车，即 $v_b^{t_e}=0.5$，路段容量和限速均减半。

本章假设应急恢复阶段的通行时间容忍系数 $\tau=2.0$，其余应急恢复阶段的参数取值与 5.6.1 节相同。根据 5.6.3 节的分析可知，应急恢复阶段需要恢复的路段编号分别是 28、34、39、47、67，见图 6.4 虚线圈中的实线路段，上述路段在第 59 天修复完成，应急恢复阶段结束，剩余 25 条为待恢复的受损路段，见图 6.4 虚线圈中的虚线路段。从第 60 天开始，进入全面恢复阶段（即本实验中 $t_s=60$），剩余等待恢复的受损路段的受损程度和固定修复成本与 5.6.1 节参数设定相同，见表 6.2，其中，f_b 的单位为单位资金。在全面恢复阶段，起始点 i 的出行量占地区总出行量的比例 p_i、起始点 i 上目的地分布结构固定的出行量占起始点 i 的总出行量的比例 $\bar{p}_i$ 见表 6.3；起始点 i 上目的地分布结构固定的出行量中分配到目的地 j 上的比例 $\bar{p}_{ij}$ 见表 6.4。公式（6.43）中的目的地成本函数 $z_j(y)$ 参考 Yang 等人的研究，表达式为 $z_j(y)=\alpha_j \times x^{\beta_j}-m_j$，参数 α_j 和 β_j 的取值见表 6.5。模型其他参数取值及针对实验数据、通过多次调节得到的最佳的算法参数取值见表 6.6。本实验中，需要根据上述给定参数和恢复目标确定该货运道路网络全面恢复阶段的最优恢复策略。

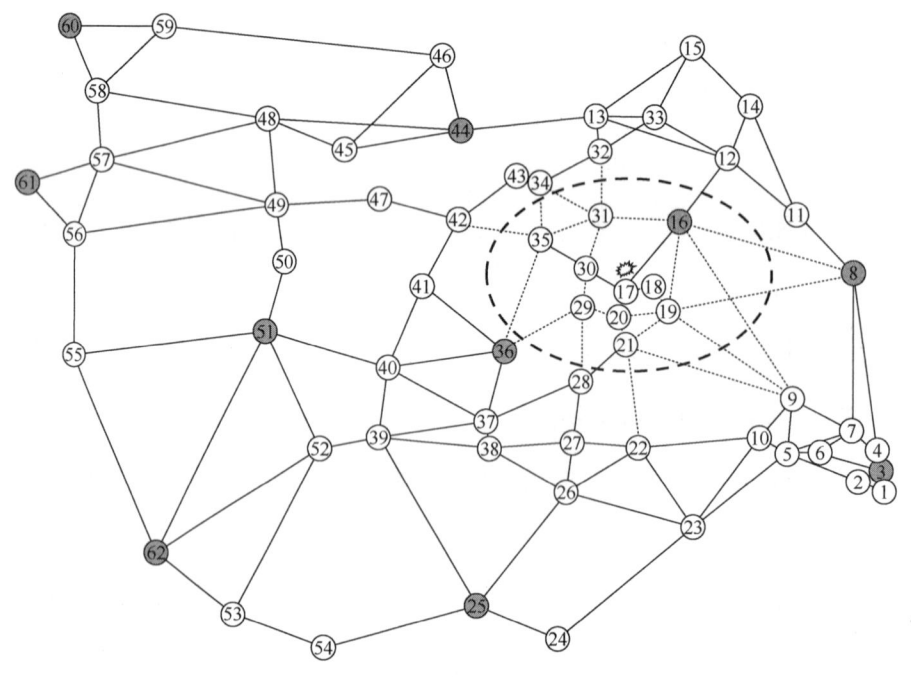

图 6.4 基于 GIS 信息的某区域货运道路网络的网络结构图

表 6.2　受损路段的受损程度和固定修复成本

b	$v_b'^\varepsilon$	f_b	b	$v_b'^\varepsilon$	f_b	b	$v_b'^\varepsilon$	f_b
17	0.5	170	41	1	110	66	1	130
18	0.5	170	42	1	120	68	1	120
20	0.5	190	43	1	130	69	1	120
21	0.5	150	44	1	110	70	1	120
35	1	90	45	0.5	140	75	1	120
36	1	130	46	0.5	140	77	0.5	180
37	1	80	62	1	90	78	0.5	150
38	1	110	64	1	80			
40	1	80	65	1	120			

表 6.3　p_i 和 $\bar{p}_i$ 取值

起始点	p_i	$\bar{p}_i$	起始点	p_i	$\bar{p}_i$	起始点	p_i	$\bar{p}_i$
3	0.05	0.6	36	0.2	0.6	61	0.05	0.6
8	0.15	0.6	44	0.1	0.6	62	0.05	0.6
16	0.15	0.6	51	0.1	0.6			
25	0.1	0.6	60	0.05	0.6			

表 6.4　$\bar{p}_{ij}$ 取值

OD	3	8	16	25	36	44	51	60	61	62
3	0	0.15	0.15	0.15	0.2	0.1	0.1	0.05	0.05	0.05
8	0.2	0	0.3	0.1	0.1	0.1	0.05	0.05	0.05	0.05
16	0.1	0.2	0	0.1	0.2	0.15	0.1	0.05	0.05	0.05
25	0.1	0.1	0.2	0	0.2	0.1	0.1	0.05	0.05	0.1
36	0.1	0.15	0.2	0.15	0	0.1	0.15	0.05	0.05	0.05
44	0.05	0.1	0.25	0.05	0.2	0	0.1	0.1	0.1	0.05

续表

OD	3	8	16	25	36	44	51	60	61	62
51	0.05	0.05	0.2	0.1	0.2	0.1	0	0.1	0.1	0.1
60	0.05	0.05	0.2	0.05	0.2	0.1	0.1	0	0.15	0.1
61	0.05	0.05	0.2	0.05	0.2	0.1	0.1	0.15	0	0.1
62	0.05	0.05	0.2	0.1	0.2	0.1	0.1	0.1	0.1	0

表6.5 目的地成本函数参数

目的地	α_j	β_j	m_j	目的地	α_j	β_j	m_j	目的地	α_j	β_j	m_j
3	0.5	0.25	1.1	36	0.4	0.25	1	61	0.5	0.25	1.1
8	0.4	0.25	1	44	0.3	0.25	0.9	62	0.5	0.25	1.1
16	0.4	0.25	1	51	0.3	0.25	0.9				
25	0.3	0.25	0.9	60	0.5	0.25	1.1				

表6.6 模型参数和算法参数

模型	参数类型	参数取值
上层模型	模型参数	$t_s = 60$，$N_{max} = 3$个，$P_{max} = 1000$单位资金，$D_{max} = 150$天，$m = 5$，$n = 2$，$\Delta t = 1$天，$\rho = 0.9$
	算法参数	种群规模=100，迭代次数=100，交叉概率=0.7，位变异概率=0.05，交换变异概率=0.05，$\varepsilon = 0.5$
中层模型	模型参数	$Q_{max} = 20000$，$\gamma = 1.05$
	算法参数	$Q_{(0)}^{t_s} = 3000$，$\sigma = 1.05$
下层模型	模型参数	$\theta = 0.1$
	算法参数	收敛误差=0.005

6.6.2 实验结果

采用本章模型和算法求得的最优恢复策略如图6.5所示。图6.5（a）为待修复路段的修复开工和结束时间，每条路段对应的横条长度及里面的数字代表该路段的修复时长。图6.5（b）为各工程队修复工作序列安排，每个横条中的两个数字分别表示修复路段编号和该路段修复时长，从左到右依次为该路段在该工程队工作序列中的顺序。该最优策略的成本、恢复时长、弹复性指标见表6.7。

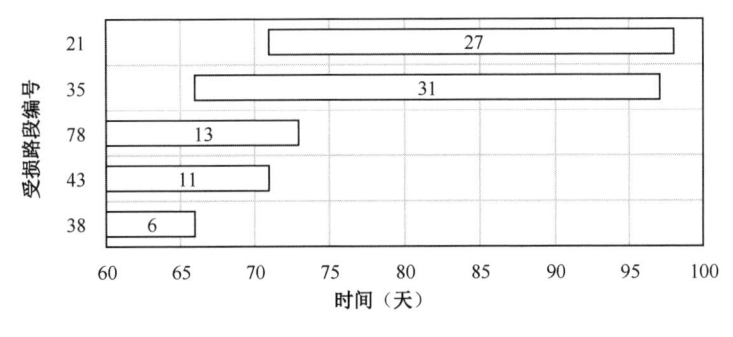

(a) 受损边修复时序安排

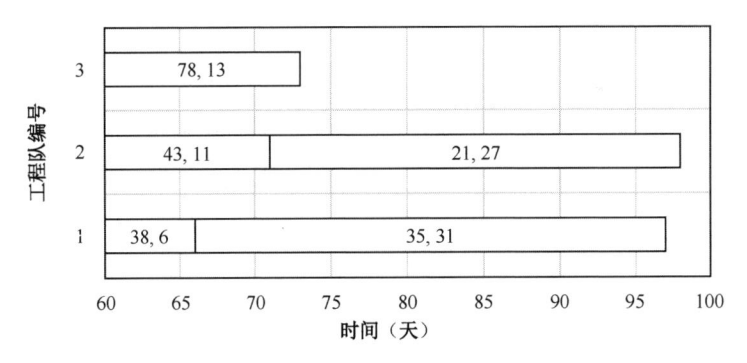

(b) 工程队修复工作序列安排

图6.5 最优恢复策略

表6.7 最优恢复策略恢复结果

指标	弹复性指标 R_r	弹复性指标 R_v	总恢复成本 P_X	总恢复时长 D_X
结果	0.7467	0.9516	806	38

路网容量本身需要根据双层模型求解。在实际的公路网络灾后恢复工作

中，还需要同时考虑资金、资源、恢复时间等多重约束的影响，这些都大大增加了实际工作中恢复决策的难度。如果没有有效的决策方法，决策者只能依靠经验进行决策。本节模拟了三种经验性恢复策略。由于路网容量是该阶段恢复决策首要考虑的网络性能，因此，首先以路段容量作为路段重要性的度量指标，制定如下两种经验性恢复策略：策略一，按照受损路段的容量从大到小的规则制定恢复策略；策略二，按照路段容量的受损量从大到小的规则制定恢复策略。在上述两种策略中，如果遇到容量相同的情况，优先修复耗时较少的路段。单纯以路段容量作为恢复决策依据，上述两种策略相对简单，因此，为了更贴近现实中的经验性策略，将路网结构也纳入考虑，制定如下优化的经验性恢复策略三：除了考虑路段容量的大小，还考虑让8、16、36这三个出行需求量比较大的 OD 点彼此之间的路段优先修复。三种经验性策略分别如图 6.6、图 6.7 和图 6.8 所示。

(a) 受损路段修复时序安排

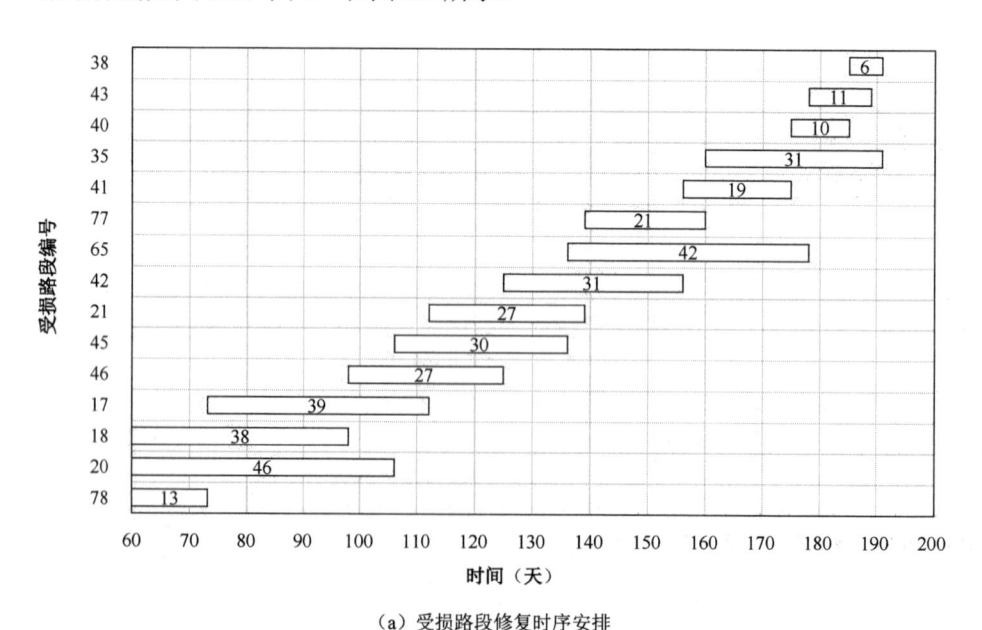

图 6.6 经验性恢复策略一

（b）工程队修复工作序列安排

图 6.6　经验性恢复策略一（续）

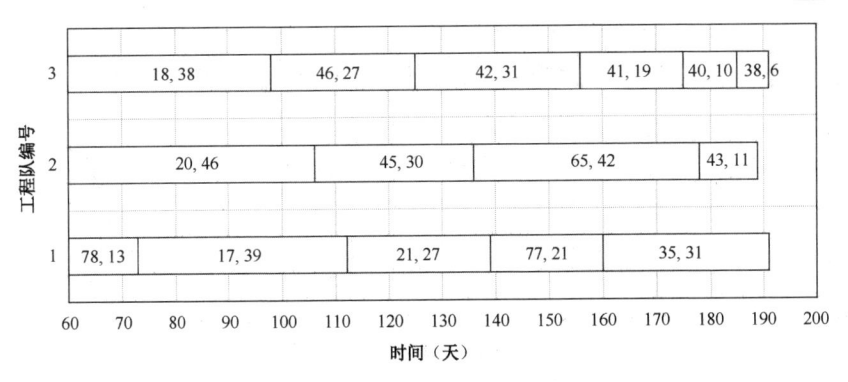

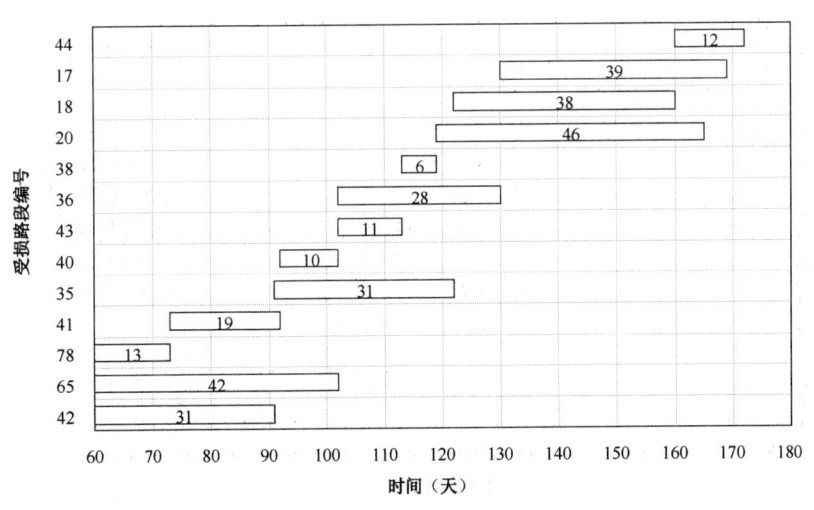

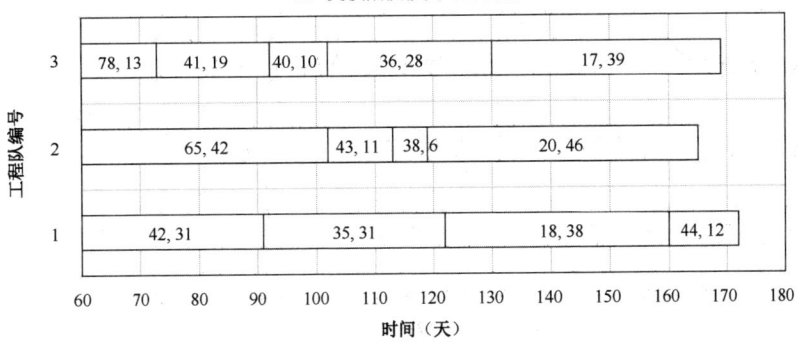

（a）受损路段修复时序安排

（b）工程队修复工作序列安排

图 6.7　经验性恢复策略二

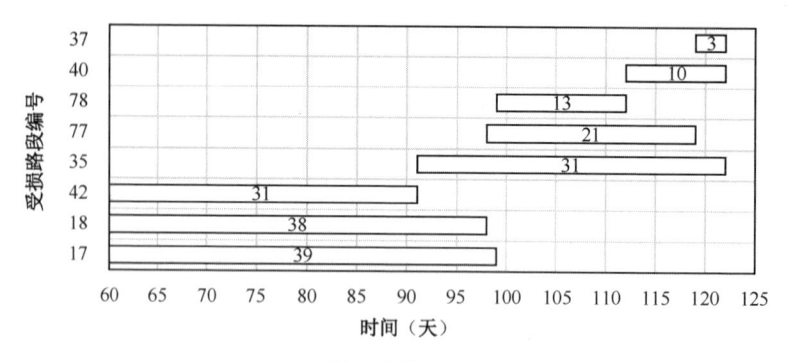

(a）受损路段修复时序安排

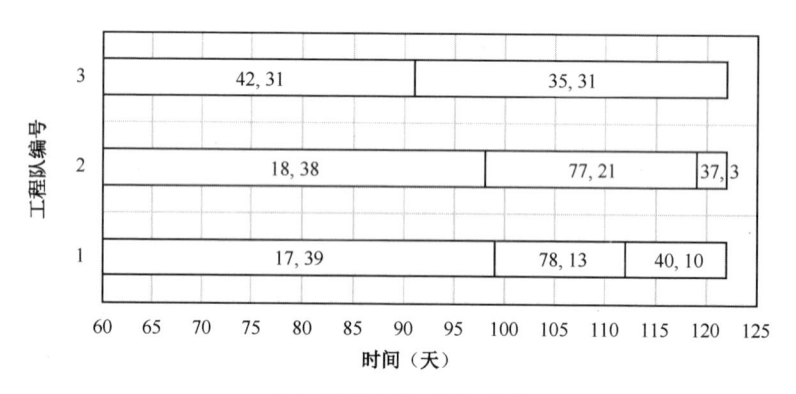

(b）工程队修复工作序列安排

图 6.8 经验性恢复策略三

表 6.8 四种策略的恢复结果

恢复结果	最优恢复策略	经验性恢复策略一	经验性恢复策略二	经验性恢复策略三
弹复性指标 R_t	0.7467	0.1267	0.2533	0.5867
弹复性指标 R_v	0.9516	0.7524	0.7948	0.8243
总恢复成本 P_X	806	2832	2332	1412
总恢复时长 D_X	38	131	112	62
需要恢复的路段数量	5	15	13	8

表 6.8 列出了最优恢复策略和三种经验性恢复策略的恢复结果。三种经验性恢复策略的恢复成本均超出了成本预算。经验性恢复策略一的恢复效果最

差，经验性恢复策略二的恢复效果次之，由于考虑了优先恢复出行量最大的三个 OD 点彼此之间的路段，因此优化的经验性恢复策略三恢复效果明显好于前两个经验性策略，但仍然从各方面都远差于最优恢复策略。

图 6.9 列出了最优恢复策略和三种经验性恢复策略下的路网容量恢复曲线。值得注意的是，随着受损路段逐渐得到修复，在某段时间内，三种经验性恢复策略反而均出现了路网容量不升反降的现象，而最优恢复策略则没有出现这种现象。这一现象出现的原因是布雷斯悖论（Braess's Paradox）。布雷斯悖论最早由 Braess 于 1968 年提出，随后引起交通研究领域大量学者的兴趣，它指的是这样一种现象：在一个交通网络上增加路段，不但没有减少交通延滞，反而使网络上的平均通行时间增加，降低了整个交通网络的服务水平。布雷斯悖论这一违背直觉的现象已经多次被现实中的交通管理案例所验证。在本章模型中，为了保证公路网络的整体性能和服务水平满足一定标准，要求公路网络平均通行时间 $Z_G^{t_k}$ 不能超过灾前平均通行时间 $Z_G^{t_0}$ 的 γ 倍。因此，

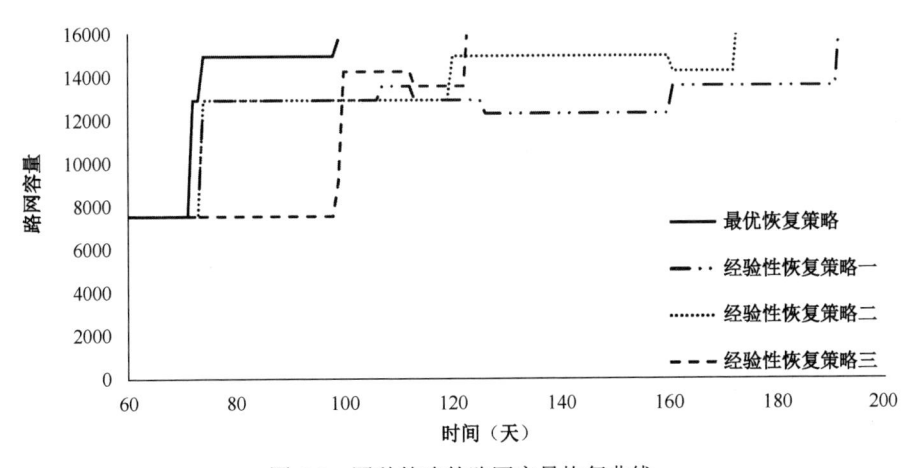

图 6.9　四种策略的路网容量恢复曲线

在经验性恢复策略的实验中，随着布雷斯悖论现象的出现，虽然修复的路段增加了，但是路网容量不变情况下的公路网络平均通行时间不降反升，这就导致符合平均通行时间要求的路网容量反而出现下降。布雷斯悖论现象出现的根本原因是由于出行者都遵循自己效用最大化的原则做出出行选择，因此无法达到系统最优。但这种选择恰恰是现实中的常态，很难控制和引导。因此，在复杂交通系统的设计规划中，如何避免布雷斯悖论现象一直是一个研究难题。尤其是在大规模公路网络恢复工程中，需要考虑的因素众多，在保障恢复效果的同时还得考虑避免布雷斯悖论现象，会使得问题更加复杂。上述实验已经表明，如果缺乏有效的决策方法，单凭经验很难做出令人满意的决策。而本章的方法可以为决策者提供更加有效的决策支撑，从而能够在规避布雷斯悖论现象的同时，用更高的弹复性、更短的时间、更低的成本实现恢复目标。

6.6.3　模型算法有效性分析

本节分析模型算法的可靠性，在资源、资金、路网容量恢复目标、公路网络平均通行时间容忍系数的参数取值变化的情况下，检验模型算法是否仍然能够得到最优恢复策略，以及这些参数对公路网络全面恢复阶段恢复策略和恢复结果的影响。

表6.9列出了在其他参数取值不变的情况下，分别变更工程队数量 N_{max} 和总成本预算 P_{max} 的取值后得到的最优恢复策略。与5.6.3节的实验结论类似：N_{max} 的增加可以提高系统弹复性，N_{max} 的变化只会改变路段的恢复时

基于弹复性的公路网络全面恢复阶段决策优化方法 | 第 6 章

序，不会改变需要恢复的关键路段的编号；P_{max} 的变化会同时改变最优恢复策略的待恢复路段编号和恢复时序；当资源或资金数量单方面提高到一定程度后，恢复策略和恢复结果不再改善。因此，本章模型算法可以针对不同资源预算和成本预算给出相应的最优恢复策略，并检查两者各自部署及互相匹配的合理性。

表 6.9 不同 N_{max} 和 P_{max} 取值下的最优恢复策略及其恢复结果

参数取值		最优恢复策略	恢复结果			
			R_r	R_v	P_X	D_X
6.6.1 节参数取值		工程队 1：38、35 工程队 2：43、21 工程队 3：78	0.7467	0.9516	806	38
参数变化	$N_{max} = 2$	工程队 1：43、38、21 工程队 2：78、35	0.7066	0.9417	806	44
	$P_{max} = 800$	工程队 1：62、44 工程队 2：17 工程队 3：42	0.7400	0.8613	676	39

表 6.10 列出了在其他参数取值不变的情况下，分别变更路网容量恢复目标 ρ 和公路网络平均通行时间容忍系数 γ 的取值后得到的最优恢复策略。ρ 表示对路网容量的恢复要求，ρ 的值越低，表示恢复要求越低，则当前恢复阶段结束时公路网络的路网容量越低；反之，则恢复要求越高。γ 表示对平均通行效率的恢复要求，γ 的值设置越高，表示恢复要求越低，当前恢复阶段结束时公路网络的平均通行效率越低；反之，则恢复要求越高。两者分别代表不同层面的恢复目标要求，共同构成对公路网络的整体恢复要求。从表 6.10 中可以看到，ρ 或 γ 的变化均会同时改变最优恢复策略的待恢复路段编号和恢复时序；而且，ρ 的升高（即提高对路网容量的恢复要求），或者 γ 的降

低（即提高对平均通行效率的恢复要求），均会不同程度地降低网络弹复性，提高恢复工程总成本，延长恢复工程总工期。在 $\gamma=1.03$ 和 $\gamma=1.04$ 的情况下甚至出现恢复工程总成本超过总预算的情况。因此，在预算不足或者工期紧张的情况下，决策者可以考虑适当降低对路网容量和平均通行效率的恢复要求。但是，路网容量和平均通行效率的变化会直接影响出行者满意度和社会经济效益，因此，决策者应当慎重决定这两者的恢复目标。本章模型算法为决策者提供了平衡用户满意度、社会经济效益、成本、工期等彼此间关系的分析工具，决策者可以更方便直观地决定为达到某一恢复目标，需要追加多少资金和资源；或者在现有的资金预算和资源预算下，能够达到的预期目标。

表 6.10 不同 ρ 和 γ 取值下的最优恢复策略及其恢复结果

参数取值		最优恢复策略	恢复结果			
			R_r	R_v	P_X	D_X
6.6.1 节参数取值		工程队 1：38、35 工程队 2：43、21 工程队 3：78	0.7467	0.9516	806	38
参数变化	$\rho=0.8$	工程队 1：38 工程队 2：43 工程队 3：78	0.9133	0.9619	450	13
	$\gamma=1.04$	工程队 1：18 工程队 2：43、77 工程队 3：38、78、41	0.7467	0.8837	1066	38
	$\gamma=1.03$	工程队 1：43、18 工程队 2：78、42 工程队 3：38、77、75	0.6733	0.8518	1264	49

6.6.4 选择与排程集成优化必要性分析

在实践中，传统的决策方法是先单独确定路段选择决策，再根据选择的结果确定维修排程决策。本节比较了 6.6.2 节中的最优恢复策略和先选择后排程决策的恢复效果，以便说明选择与排程集成决策的必要性和重要性。先选择后排程的决策过程如下：

（1）选择决策：在满足总成本预算 P_{max} 和恢复目标 ρ 的约束下，考虑总恢复成本 P_X 最小化，做出选择决策，此时的选择问题可以被归结为一个目标是成本最小化的单周期网络设计问题。

（2）排程决策：基于选择决策，考虑弹复性指标 R_r 和 R_v 最大化，做出排程决策，此时的排程问题可以被归结为一个目标是弹复性最大化的并行机调度问题。

表 6.11 两种策略的恢复结果

恢复结果	最优恢复策略	先选择后排程决策
弹复性指标 R_r	0.7467	0.7400
弹复性指标 R_v	0.9516	0.8613
总恢复成本 P_X	806	676
总恢复时长 D_X	38	39
恢复策略	工程队 1：38、35 工程队 2：43、21 工程队 3：78	工程队 1：62、44 工程队 2：17 工程队 3：42

单周期网络设计问题和并行机调度问题的研究已经比较成熟，而且通过简单的转换（具体方法见 4.5 节），本章的模型就可以变为单周期网络设计问

题和并行机调度问题，因此关于先选择后排程决策的建模和求解过程在此略过。同样，采用6.6.1节的参数设置，上述先选择后排程决策和最优恢复策略（即选择与排程集成决策）的对比结果见表6.11，由结果可知选择与排程集成优化下的最优恢复策略的恢复结果各方面都优于先选择后排程决策。究其原因，是因为单独做选择决策时只满足了总成本预算P_{max}和恢复目标ρ的约束，没有考虑任何与资源或时间相关的因素，也就意味着在解决该问题时并不关注恢复过程效果如何。因此，在此结果上无论怎样进行排程决策，都无法得到最优恢复策略。这一比对结果说明了在某些情况下先选择后排程决策的局限性，以及选择与排程集成决策的必要性和重要性，尤其是对于交通网络等基础设施的灾后恢复工程，因为它们在恢复过程中也需要持续向社会公众提供服务，恢复过程至关重要。

6.6.5 管理启示

实验分析表明，本章模型和算法对在全面恢复阶段如何识别需要恢复的关键路段及其恢复时序具有重要的指导意义，也为决策者提供了如下管理启示和决策建议。

（1）在复杂交通系统的设计规划中，如何避免布雷斯悖论现象一直是一个研究难题。尤其是在面对大规模公路网络恢复工程时，需要考虑的因素众多，在保障恢复效果的同时还得考虑避免布雷斯悖论现象，会使得问题变得更加复杂，单凭经验很难做出令人满意的决策。因此，在制定公路网络灾后恢复决策时需要采用更加科学有效的决策方法。

（2）与应急恢复阶段一样，在全面恢复过程中，资源和资金的配置也要相互匹配。单方面增加资源或资金超过一定水平，恢复效果将不会再继续得到改善。

（3）在预算不足或者工期紧张的情况下，可以通过适当降低对路网容量和平均通行效率的恢复要求来得到一个可行的恢复策略。但是，路网容量和平均通行效率的变化会直接影响出行者满意度和社会经济效益，因此，决策者应当慎重决定这两者的恢复目标。

（4）传统的决策方法是先单独确定路段选择决策，再根据选择的结果确定维修排程决策。但这样得到的恢复策略往往并不是最优的，尤其是在需要考虑恢复过程的效果时，因此不太适用于公路网络等基础设施的灾后恢复。解决该问题需要从选择与排程集成优化的角度入手。

本章的模型和算法为决策者制定有效决策，研究上述参数之间的相互关系，检验参数设置的合理性和有效性提供了一种有效的方法。

6.7 本章小结

本章研究了公路网络全面恢复阶段决策优化问题。该问题要求决策者综合考虑公路网络路网容量、公路网络用户的出行目的地选择行为和路径选择行为，同时决定哪些受损路段需要优先恢复，以及这些路段的维修时序，从而使公路网络的恢复效果最佳。首先，建立了考虑公路网络平均通行效率、用户的出行目的地选择行为和路径选择行为的路网容量度量双层模型。然后，在该模型和第 4 章研究的基础上，建立了基于弹复性的公路网络全面恢复阶段决策三层优化模型，并设计了相应的三层求解算法。最后，通过对某区域货运道路网络上的案例进行分析，验证了本章模型和算法能有效求解大规模公路网络全面恢复阶段的最优恢复策略，并避免在恢复过程中出现布雷斯悖论现象；验证了模型算法在资源、资金、路网容量恢复目标、公路网络平均通行时间容忍系数的参数取值变化的情况下，仍然能够得到最优恢复策略，并分析了这些参数对公路网络全面恢复阶段恢复策略和恢复结果的影响；比较了 6.6.2 节中的最优恢复策略和先选择后排程决策的恢复效果，说明选择与排程集成决策的必要性和重要性；最后给出了相应的管理启示和决策建议。

第 7 章

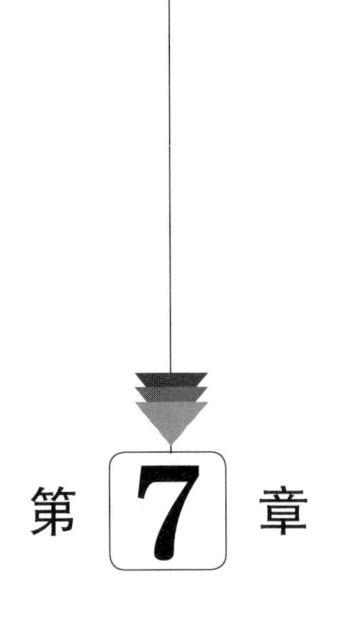

结论与展望

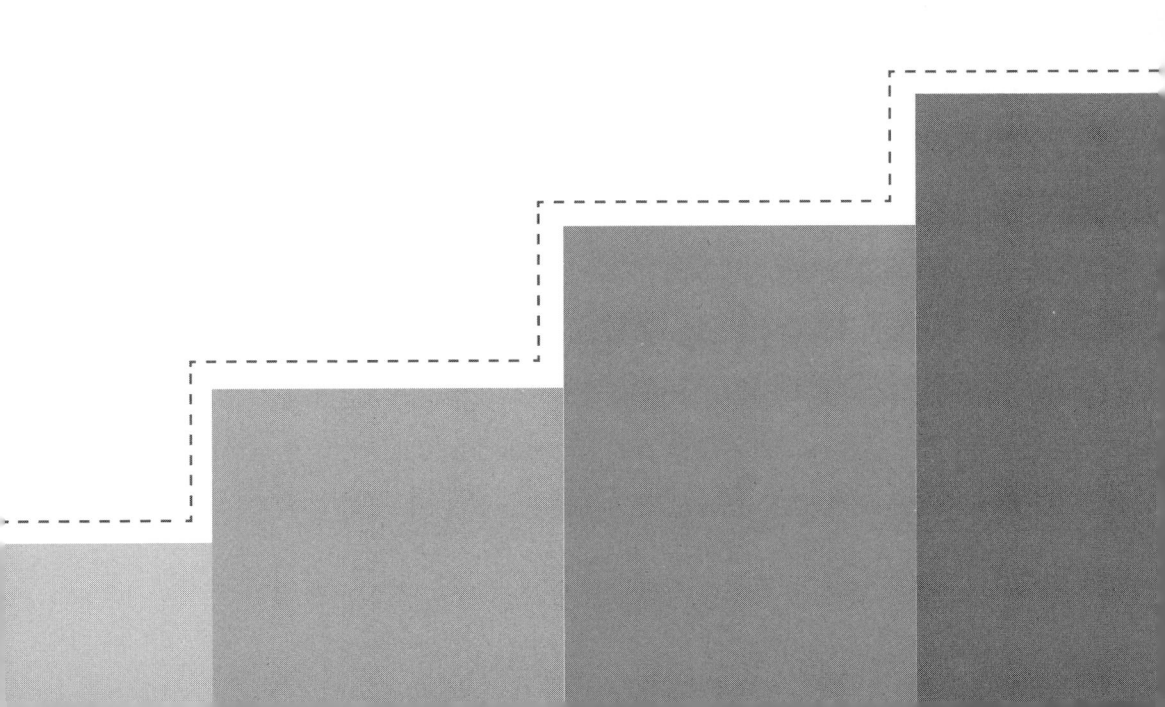

7.1 结论

重大灾害后的公路网络恢复需要分阶段进行，每个阶段都要根据资金、资源、任务紧迫性、恢复目标的限制，同时考虑公路网络用户的出行选择行为，然后确定需要优先恢复的关键路段及其恢复时序，以便取得最佳的恢复效果。这一决策过程极其复杂，难度巨大。为了解决上述难题，本书进行了基于弹复性的公路网络灾后恢复决策优化研究。研究的核心思想是通过优化公路网络的弹复性，得到最佳的公路网络灾后恢复选择与排程集成决策，以便取得最佳的恢复效果。在解决问题的过程中，遵循先易后难的原则，先提出未考虑公路网络各恢复阶段特点和用户选择行为的基于弹复性的网络恢复选择与排程集成问题优化方法；之后，在该优化方法的基础上，分别分析了公路网络应急恢复阶段和全面恢复阶段的特点，并提出基于弹复性的公路网络应急恢复阶段决策优化方法和基于弹复性的公路网络全面恢复阶段决策优化方法，分别解决应急恢复阶段和全面恢复阶段的公路网络恢复决策优化问题。具体研究结论如下。

（1）提出基于弹复性的网络恢复选择与排程集成问题优化方法，重点解决如何度量恢复效果、如何制定恢复选择与排程集成决策这两个难点。

为了更好地度量公路网络恢复效果，根据弹复性理论设计了两个弹复性度量指标，分别从公路网络性能的恢复速度和恢复过程中公路网络性能的累计损失这两个方面度量公路网络的弹复性。然后，建立了基于弹复性的公路网络恢复选择与排程集成决策优化模型，并针对该模型特点设计了相应的 GA 算法。该优化方法具有良好的拓展性，可以应用到多种复杂公路网络恢复选择与排程集成问题研究中，为系统研究公路网络恢复选择与排程集成问题奠定了基础。算例分析展示了如何利用该优化方法制定公路网络恢复选择与排程集成决策，并验证了该优化方法的有效性。

（2）针对公路网络应急恢复阶段的特点，提出基于弹复性的公路网络应急恢复阶段决策优化方法，解决应急恢复阶段的公路网络恢复决策优化问题。

以连通性作为公路网络应急恢复阶段的性能指标，并给出度量方法，分析该阶段用户的路径选择行为、恢复工程的不确定性。在第 4 章研究的基础上，分别针对确定性环境和随机环境，建立了基于弹复性的公路网络应急恢复阶段决策双层优化模型，并设计了相应的双层求解算法。在某区域货运道路网络上的案例分析表明，该模型和算法能有效求解确定性和随机环境下大规模公路网络应急恢复阶段的最优恢复策略。进一步分析资源、资金、通行时间容忍系数、决策者偏好对公路网络应急恢复阶段恢复策略和恢复结果的影响，得到如下管理启示和决策建议。

① 在恢复过程中，资源和资金的配置要相互匹配。单方面增加资源或资金超过一定水平，恢复效果将不会再继续得到改善。

② 增加通行时间容忍系数的取值可以在资源或资金不足的情况得出一个可行的恢复决策。但通行时间容忍系数的增加会导致公路网络运输效率的降低，并可能无法满足应急恢复阶段结束时的运输需求。因此，作为效率方面的恢复目标之一，通行时间容忍系数的取值应根据实际情况谨慎确定。

（3）针对公路网络全面恢复阶段的特点，提出基于弹复性的公路网络全面恢复阶段决策优化方法，解决全面恢复阶段的公路网络恢复决策优化问题。

采用路网容量作为公路网络全面恢复阶段的性能指标，分析该阶段用户的出行目的地选择行为和路径选择行为，并建立了考虑公路网络平均通行效率、用户的出行目的地选择行为和路径选择行为的路网容量度量双层模型。然后，在该模型和第 4 章研究的基础上，建立了基于弹复性的公路网络全面恢复阶段决策三层优化模型，并设计了相应的三层求解算法。对某区域货运道路网络上的案例分析表明，该模型和算法能有效求解大规模公路网络全面恢复阶段的最优恢复策略，并避免在恢复过程中出现布雷斯悖论现象。进一步分析资源、资金、路网容量恢复目标、公路网络平均通行时间容忍系数对公路网络全面恢复阶段恢复策略和恢复结果的影响，以及比较了最优恢复策略和先选择后排程决策的恢复效果，得到如下管理启示和决策建议。

① 在大规模公路网络恢复工程中，需要考虑的因素众多，在保障恢复效果的同时还得考虑避免布雷斯悖论现象，这会使问题变得更加复杂，单凭经验很难做出令人满意的决策。因此，在制定公路网络灾后恢复决策时需要采用更加科学有效的决策方法。

② 与应急恢复阶段一样，在全面恢复过程中，资源和资金的配置也要相互匹配。单方面增加资源或资金超过一定水平，恢复效果将不会再继续得到改善。

③ 在预算不足或者工期紧张的情况下，可以通过适当降低对路网容量和平均通行效率的恢复要求来得到一个可行的恢复策略。但是，路网容量和平均通行效率的变化会直接影响出行者满意度和社会经济效益，因此，决策者应当慎重决定这两者的恢复目标。

④ 传统的决策方法是先单独确定路段选择决策，再根据选择的结果确定维修排程决策。但这样得到的恢复策略往往并不是最优的，尤其是在需要考

虑恢复过程的效果时，不太适用于公路网络等基础设施的灾后恢复。解决该问题需要从选择与排程集成优化的角度入手。

7.2 展望

本书研究的基于弹复性的公路网络灾后恢复决策优化问题，由于要同时考虑公路网络恢复过程、不同恢复阶段的特点、公路网络用户的出行选择行为，是一类极其复杂的决策优化问题，目前的研究还相对较少。尽管本书分别在应急恢复阶段和全面恢复阶段的公路网络灾后恢复决策优化方法上进行了一些研究探索，并取得了一定的研究成果，但仍然还有很多研究工作有待进一步开展和完善。因此，今后的研究工作可以从以下两个方面展开。

（1）提高算法效率，对本书的优化方法进行平台化开发。交通网络优化问题研究中，一个必须要考虑的重要因素就是分析用户的出行行为，这本身就是一个复杂的研究问题，会进一步加剧公路网络恢复选择与排程集成问题的建模和求解的难度，增加算法的复杂性和求解时间。因此，未来的工作需要利用云计算、并行计算等先进方法，提高算法效率，使其更加适合解决大规模交通网络恢复问题。另外，在附录的算法实现和程序设计的基础上，计划对本书的优化方法进行平台化开发，使决策者在实际使用中只需通过简单的参数输入即可得到相应的优化决策，为其提供更加简单快捷的决策工具。

（2）研究关联基础设施系统的灾后恢复选择与排程集成问题。很多关键基础设施系统均存在重大灾害后的恢复选择与排程集成问题亟待研究。随着基础设施规模愈发庞大、结构愈发复杂，很多关键基础设施都呈现出关联的特点，如供电和供水网络，供电和通信网络，这种关联特性进一步加剧了恢复决策的制定难度。因此，今后的研究可以结合关联基础设施系统的特点，探索将本书中的优化方法进行更多拓展的可能性。

附录 A

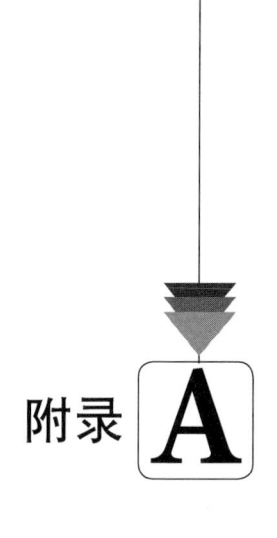

算法实现与程序设计

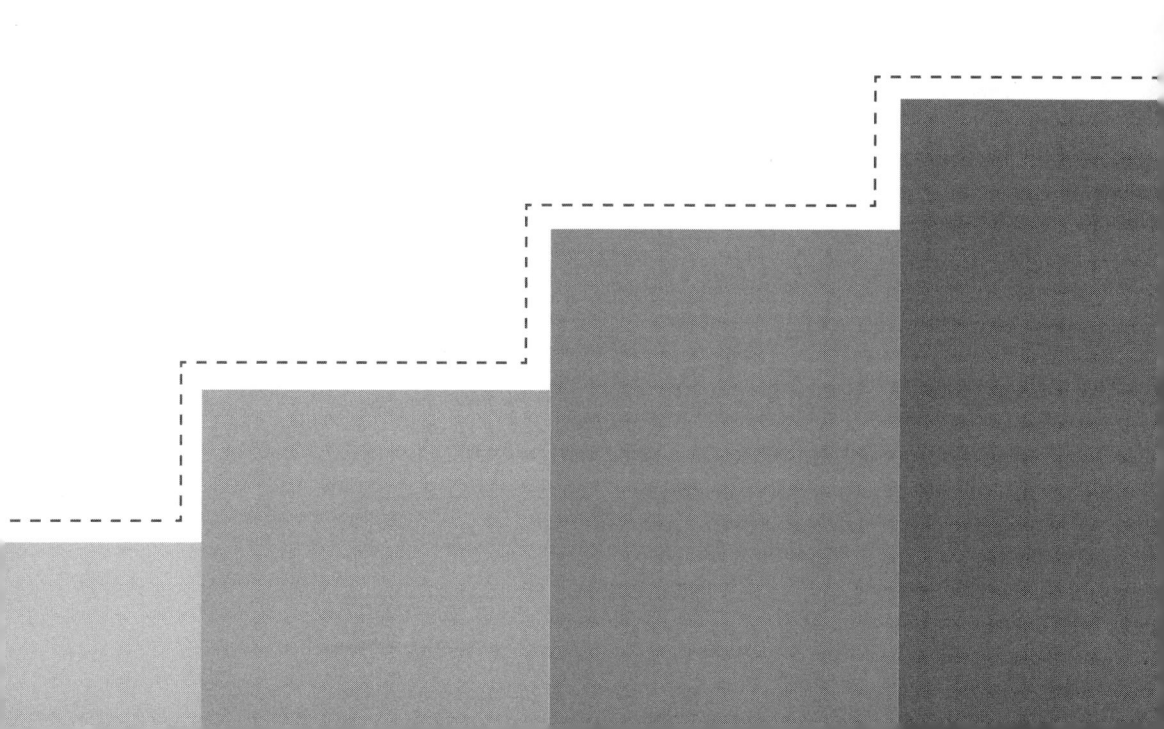

1. 研究内容一的算法实现与程序设计

在基于弹复性的网络恢复选择与排程集成问题优化方法中，为了求解基于弹复性的网络恢复选择与排程集成决策优化模型，在传统的求解并行机调度问题的 GA 算法的基础上，设计了一种改进的 GA 算法。该 GA 算法方案使用 Eclipse 编辑器，用 Java 语言实现。

程序中包含的类及其作用见表附 A-1。

表附 A-1　类说明

类　名	作　用
Main	程序主函数
Road	边类
DamageRoad	受损边类
ODNeed	OD 对类
Dijkstra	最短路算法类
GA	遗传算法主流程
GAArgs	遗传算法参数
GAPopulationFactory	种群生成函数接口
GA0_1PopulationFactory	初始种群生成类
GAIndividual	基因类
GAFitnessFx	适应度函数接口
Fitness	适应度函数类
GACross	交叉操作函数接口
GACrossSinglePoint	双点交叉类
GAMutation	变异操作函数接口
Mutation01SinglePoint	单点变异类
GASelection	选择操作函数接口
GASelectionRoulette	轮盘赌选择类

程序类图如图附 A-1 所示。

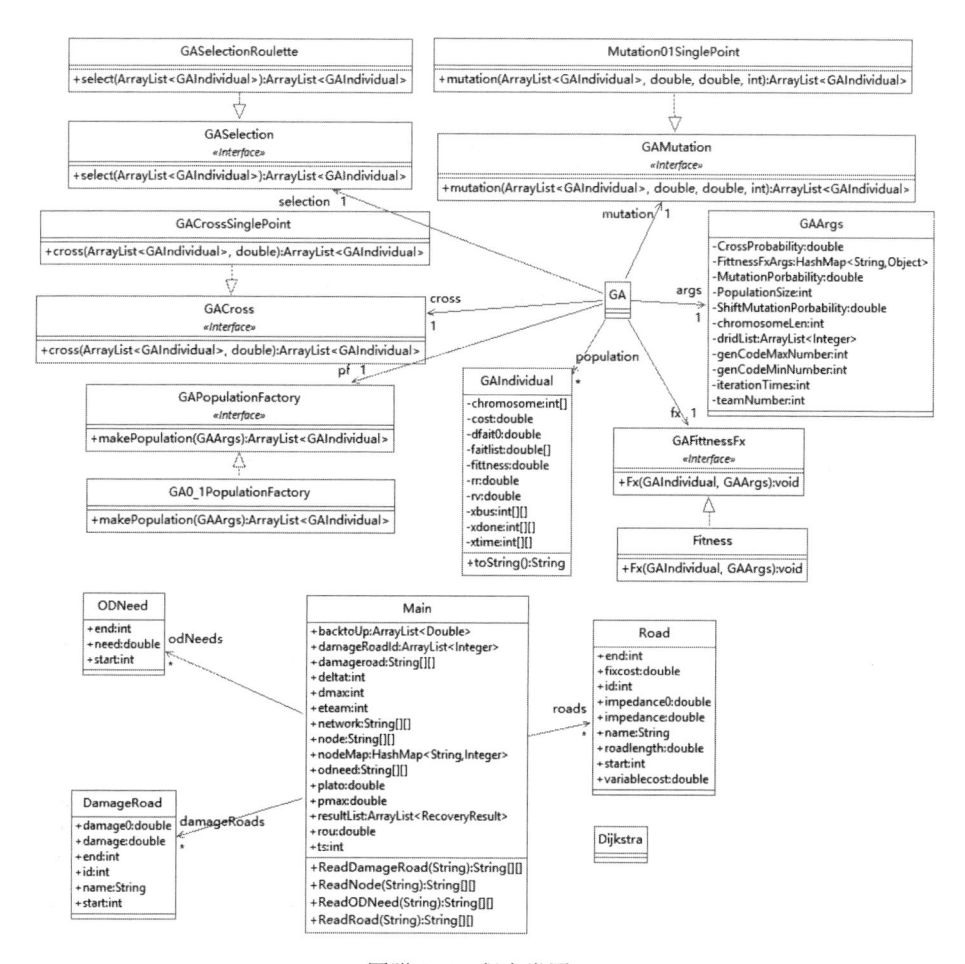

图附 A-1　程序类图一

程序中的主要参数及其含义见表附 A-2。

表附 A-2　算法参数说明

类　名	参数名	数据类型	含　义
Main	deltat	int	固定时间步长
	dmax	int	最大可接受的网络性能恢复时长

续表

类 名	参 数 名	数据类型	含 义
Main	eteam	int	工程队数量
	plato	double	偏好系数
	pmax	double	总成本预算
	rou	double	网络性能恢复目标
	ts	int	恢复阶段开始时刻
Road	end	int	边的终点编号
	fixcost	double	边的固定修复成本
	id	int	边的编号
	impedance0	double	未受损时的边的性能
	impedance	double	当前边的性能
	name	String	边的名称
	roadlength	double	边的长度
	start	int	边的起点编号
	variablecost	double	边的可变修复成本
DamageRoad	damage0	double	初始受损程度
	damage	double	当前受损程度
	end	int	受损边的终点编号
	id	int	受损边的编号
	name	String	受损边的名称
	start	int	受损边的起点编号
ODNeed	end	int	终点编号
	need	double	OD 需求量
	start	int	起点编号
GAArgs	CrossProbability	double	交叉概率
	FittnessFxArgs	HashMap<String, Object>	适应度函数相关参数
	MutationPorbability	double	变异概率
	PopulationSize	int	种群大小

续表

类名	参数名	数据类型	含义
GAArgs	ShiftMutationPorbability	double	位变异概率
	chromosomeLen	int	基因长度
	dridList	ArrayList<Integer>	受损边的编号列表
	genCodeMaxNumber	int	基因最大值
	genCodeMinNumber	int	基因最小值
	IterationTimes	int	迭代次数
	teamNumber	int	工程队数量
GAIndividual	chromosome	int[]	染色体
	cost	double	总恢复成本
	dfait0	double	网络性能恢复时长
	faitlist	double[]	网络性能恢复情况
	fittness	double	适应度
	rr	double	恢复速度弹复性
	rv	double	累计损失弹复性
	xbus	int[][]	各路段维修开工时间
	xdone	int[][]	各路段维修完工时间
	xtime	int[][]	各路段维修时长

2. 研究内容二的算法实现与程序设计

在基于弹复性的公路网络应急恢复阶段决策优化方法中，为了求解基于弹复性的公路网络应急恢复阶段决策双层优化模型，设计了一种启发式算法来求解该问题。该算法结合了 4.6 节的 GA 算法（求解上层模型）和 2.4.2 节求解用户均衡配流模型的 Frank-Wolfe 算法（求解下层模型）。上层算法的类构成与研究内容一的类构成相同。因为在公路网络应急恢复阶段，所以上层算法中 Road 类的参数相比于研究内容一的程序有所增加和变化，上层算法中其他类的参数与研究内容一相同。因此这里仅对相比于研究内容一的程序，新增的类和参数进行说明。该算法方案使用 Eclipse 编辑器，采用 Java 语言实现。

下层算法包含的类及其作用如表附 A-3 所示。

表附 A-3　下层算法类说明

类　名	作　用
CalculateLower	下层求解算法类
FrankWolfe	Frank-Wolfe 算法类

程序类图如图附 A-2 所示。

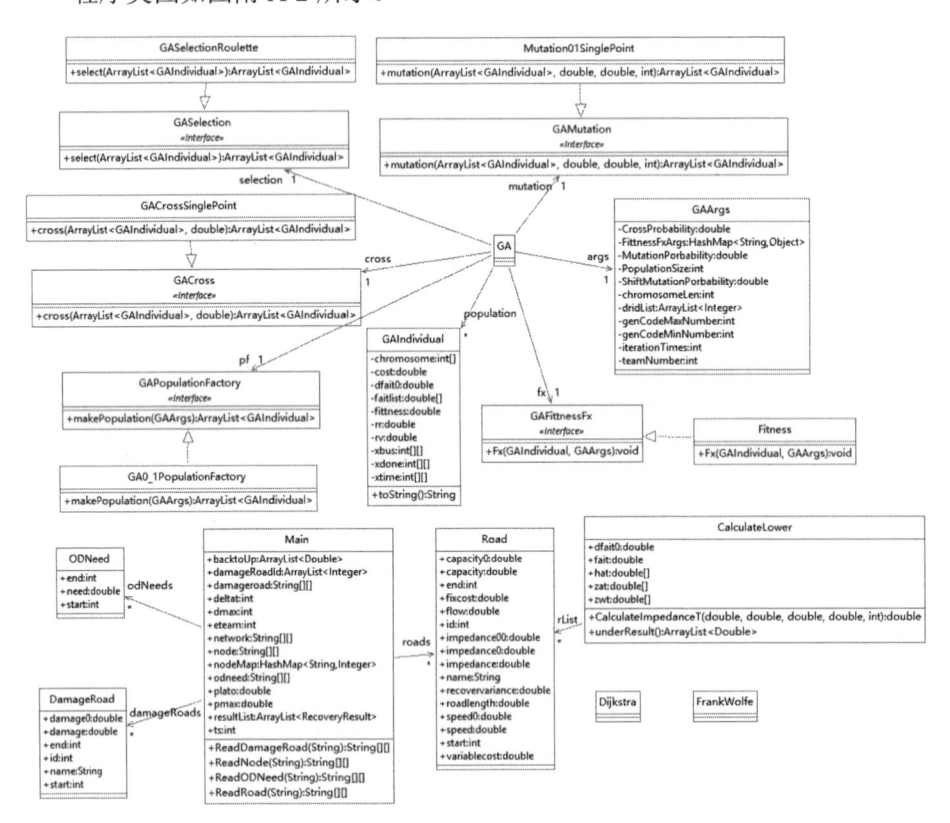

图附 A-2　程序类图二

程序中新增和变化的参数及其含义见表附 A-4。

表附 A-4 算法参数说明

类 名	参数名	数据类型	含 义
Road	capacity0	double	路段初始容量
	capacity	double	路段当前容量
	flow	double	路段当前流量
	impedance00	double	路段初始 0 流阻抗
	impedance0	double	路段当前 0 流阻抗
	impedance	double	路段当前阻抗
	recovervariance	double	路段修复时间方差
	speed0	double	路段初始限速
	speed	double	路段当前限速
CalculateLower	dfait0	double	网络连通性恢复时长
	fait	double	网络当前连通性
	hat	double[]	路段当前流量
	zat	double[]	路段当前阻抗
	zwt	double[]	OD 对的当前阻抗

3. 研究内容三的算法实现与程序设计

在基于弹复性的公路网络全面恢复阶段决策优化方法中，为了求解基于弹复性的公路网络全面恢复阶段决策三层优化模型，设计了一种启发式算法来求解该问题。该算法结合了 4.6 节的 GA 算法（求解上层模型）、一种一维搜索的启发式算法（求解中层模型）和 2.4.3 节的求解均衡出行分布和交通配流组合模型的凸组合算法（求解下层模型）。上层算法的类构成与研究内容一的类构成相同。在公路网络全面恢复阶段，上层算法中 Main 和 Road 类的参数相比于研究内容一的程序有所增加和变化，上层算法中其他类的参数与研究内容一相同。因此这里仅对相比于研究内容一的程序，新增的类和参数进行说明。该算法方案使用 Eclipse 编辑器，采用 Java 语言实现。

中层和下层算法包含的类及其作用见表附 A-5 所示。

表附 A-5 中层和下层算法类说明

算法层	类名	作用
中层	CalculateMiddle	中层求解算法类
下层	CalculateLower	下层求解算法类
	ConvexCombination	求解均衡出行分布和交通配流组合模型的凸组合算法

程序类图如图附 A-3 所示。

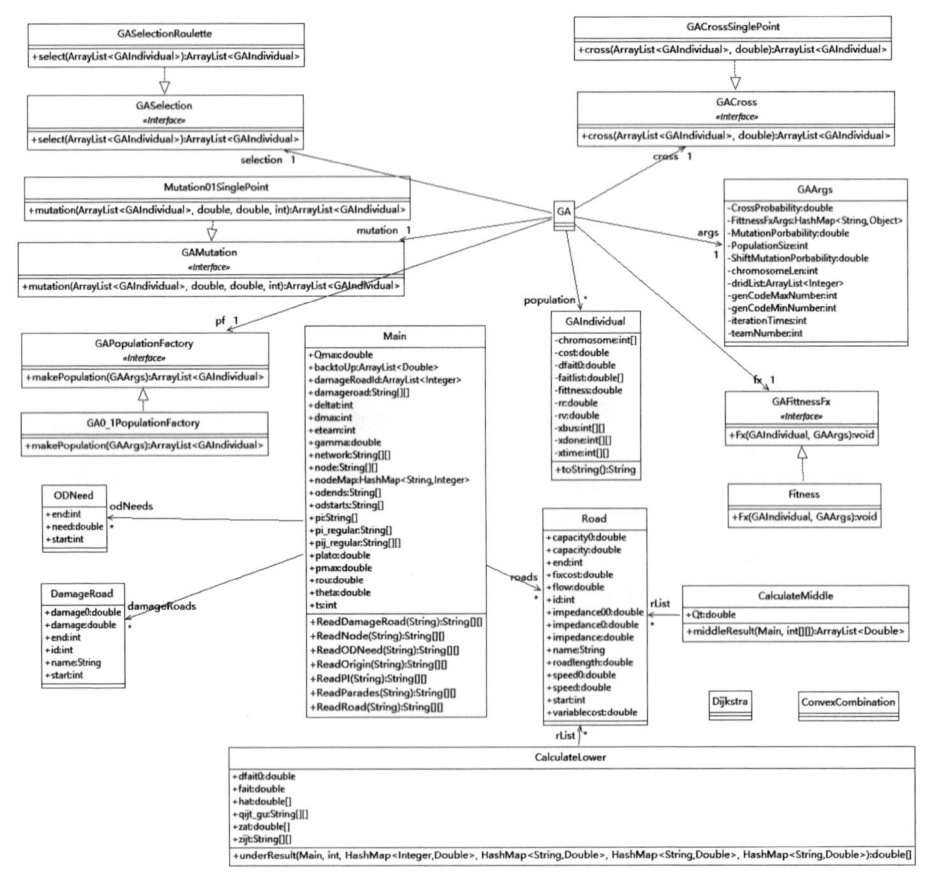

图附 A-3 程序类图三

程序中新增和变化的参数及其含义见表附 A-6。

表附 A-6　算法参数说明

类　名	参　数　名	数据类型	含　义
Main	Qmax	double	所在地区可能产生的最大交通出行量
	gamma	double	公路网络平均通行时间容忍系数
	pi	String[]	起始点 i 的出行量占地区总出行量的比例
	pi_regular	String[]	起始点 i 上目的地分布结构固定的出行量占起始点 i 的总出行量的比例
	pij_regular	String[][]	起始点 i 上目的地分布结构固定的出行量中分配到目的地 j 上的比例
	theta	double	分布参数
Road	capacity0	double	路段初始容量
	capacity	double	路段当前容量
	flow	double	路段当前流量
	impedance00	double	路段初始 0 流阻抗
	impedance0	double	路段当前 0 流阻抗
	impedance	double	路段当前阻抗
	speed0	double	路段初始限速
	speed	double	路段当前限速
CalculateMiddle	Qt	double	网络当前容量
CalculateLower	dfait0	double	路网容量恢复时长
	fait	double	网络当前容量
	hat	double[]	路段当前流量

续表

类 名	参 数 名	数据类型	含 义
CalculateLower	qijt_gu	String[][]	当前时刻起始点 i 上目的地分布结构不固定的出行量中分配到目的地 j 上的出行量
	zat	double[]	路段当前阻抗
	zijt	String[][]	OD 对的当前阻抗

参 考 文 献

[1] 中华人民共和国交通运输部. 2018年交通运输行业发展统计公报[EB/OL]. [2019.06.06]. http://xxgk.mot.gov.cn/jigou/zhghs/201904/t20190412_3186720.html.

[2] U.S. Department of Transportation, Bureau of Transportation Statistics. Transportation Statistics Annual Report 2018[EB/OL]. [2019.06.06]. https://www.bts.gov/sites/bts.dot.gov/files/docs/browse-statistical-products-and-data/transportation-statistics-annual-reports/TSAR-Full-2018-Web-Final.pdf.

[3] Hayes P E, Hammons A. Picking Up the Pieces-Utilizing Disaster Recovery Project Management to Improve Readiness and Response Time[J]. IEEE Industry Applications Magazine, 2002, 8(6): 27-36.

[4] 迟菲. 灾后恢复的特征与可恢复性评价的研究[J]. 电子科技大学学报（社会科学版），2012，14(1): 42-47+61.

[5] Xu J, Lu Y. Meta-synthesis Pattern of Post-disaster Recovery and Reconstruction: Based on Actual Investigation on 2008 Wenchuan Earthquake[J]. Natural Hazards, 2012, 60(2): 199-222.

[6] Lu Y, Xu J. Comparative Study on the Key Issues of Postearthquake Recovery and Reconstruction Planning: Lessons from the United States, Japan, Iran, and China[J]. Natural Hazards Review, 2015, 16(3): 04014033.

[7] 安实, 谢秉磊, 王健. 道路交通应急管理理论与方法[M]. 北京：科学出

版社，2012.

[8] Hollnagel E, Woods D D, Leveson N. Resilience Engineering: Concepts and Precepts[M]. Aldershot, UK: Ashgate, 2006.

[9] Farahani R Z, Miandoabchi E, Szeto W Y, et al. A Review of Urban Transportation Network Design Problems[J]. European Journal of Operational Research, 2013, 229(2): 281-302.

[10] Cavdaroglu B, Hammel E, Mitchell J, E, et al. Integrating Restoration and Scheduling Decisions for Disrupted Interdependent Infrastructure Systems[J]. Annals of Operations Research, 2013, 203(1): 279-294.

[11] 方修琦, 殷培红. 弹性、脆弱性和适应——IHDP 三个核心概念综述[J]. 地理科学进展, 2007, 26(5): 11-22.

[12] 刘希龙. 供应网络弹性研究[D]. 上海: 上海交通大学, 2007.

[13] 孙晶, 王俊, 杨新军. 社会-生态系统恢复力研究综述[J]. 生态学报, 2007, 27(12): 5371-5381.

[14] 葛怡, 史培军, 徐伟, 等. 恢复力研究的新进展与评述[J]. 灾害学, 2010, 25(3): 119-124+129.

[15] Merriam-Webster Online Dictionary. Resilience[EB/OL]. [2017.03.03]. https://www.merriam-webster.com/dictionary/resilience.

[16] Holling C S. Resilience and Stability of Ecological Systems[J]. Annual Review of Ecology & Systematics, 1973, 4(4): 1-23.

[17] Gunderson L H. Ecological Resilience—In Theory and Application[J]. Annual Review of Ecology & Systematics, 2000, 31: 425-439.

[18] Folke C, Carpenter S, Walker B, et al. Regime Shifts, Resilience and

Biodiversity in Ecosystem Management[J]. Annual Review of Ecology, Evolution and Systematics, 2004, 35: 557-581.

[19] 闫海明, 战金艳, 张韬. 生态系统恢复力研究进展综述[J]. 地理科学进展, 2012, 31(3): 303-314.

[20] 曾守锤, 李其维. 儿童心理弹性发展的研究综述[J]. 心理科学, 2003, 26(6): 1091-1094.

[21] 席居哲, 桑标, 左志宏. 心理弹性（Resilience）研究的回顾与展望[J]. 心理科学, 2008, 31(4): 995-998.

[22] 岳增慧, 方曙. 科研合作网络弹性研究与实证[J]. 图书情报工作, 2013, 57(11): 86-89+95.

[23] 张甜, 刘焱序, 王仰麟. 恢复力视角下的乡村空间演变与重构[J]. 生态学报, 2017, 37(7): 2147-2157.

[24] Coutu D L. How resilience works[J]. Harvard Business Review, 2002, 80(5): 46-50+52+55.

[25] Rose A, Krausmann E. An Economic Framework for the Development of a Resilience Index for Business Recovery[J]. International Journal of Disaster Risk Reduction, 2013, 5: 73-83.

[26] 黄玮强, 庄新田, 姚爽. 我国股票关联网络拓扑结构与网络弹性关系研究[J]. 系统管理学报, 2015, 24(1): 71-77.

[27] Sutcliffe K M, Vogus T J. Organizing for Resilience[M]// Cameron K S, Dutton J E, Quinn R E. Positive Organizational Scholarship: Foundations of a New Discipline. San Francisco: Berrett-Koehler Publishers, 2003: 94-110.

[28] Lengnick-Hall C A, Beck T E, Lengnick-Hall M L. Developing a Capacity for

Organizational Resilience Through Strategic Human Resource Management[J]. Human Resource Management Review, 2011, 21(3): 243-255.

[29] 黄传超, 胡斌. 基于复杂网络的企业关系网络的弹性研究[J]. 中国管理科学, 2014, 22(s1): 686-690.

[30] Youn B D, Chao H, Wang P, et al. Resilience Allocation for Resilient Engineered System Design[J]. Journal of Institute of Control, 2011, 17(11): 1082-1089.

[31] 王俊伟, 宋明莹, 周耀明, 等. 从安全工程角度谈弹复性工程的起源与发展[J]. 控制工程, 2015, 22(4): 598-607.

[32] Yodo N, Wang P. Resilience Allocation for Early Stage Design of Complex Engineered Systems[J]. Journal of Mechanical Design, 2016, 138(9): 111404.

[33] Haimes Y Y, Crowther K, Horowitz B M. Homeland Security Preparedness: Balancing Protection with Resilience in Emergent Systems[J]. Systems Engineering, 2008, 11(4): 287-308.

[34] Reggiani A. Network Resilience for Transport Security: Some Methodological Considerations[J]. Transport Policy, 2013, 28: 63-68.

[35] Reggiani A, Nijkamp P, Lanzi D. Transport Resilience and Vulnerability: The Role of Connectivity[J]. Transportation Research Part A: Policy and Practice, 2015, 81: 4-15.

[36] Mattsson L-G, Jenelius E. Vulnerability and Resilience of Transport Systems –A Discussion of Recent research[J]. Transportation Research Part A: Policy and Practice, 2015, 81: 16-34.

参考文献

[37] Bie Z, Lin Y, Li G, et al. Battling the Extreme: A Study on the Power System Resilience[J]. Proceedings of the IEEE, 2017, 105(7): 1253-1266.

[38] Najafi J, Peiravi A, Guerrero J M. Power Distribution System Improvement Planning under Hurricanes Based on a New Resilience Index[J]. Sustainable Cities & Society, 2018, 39: 592-604.

[39] 周晓敏，葛少云，李腾，等. 极端天气条件下的配电网韧性分析方法及提升措施研究[J]. 中国电机工程学报，2018，38(2): 505-513+681.

[40] Todini E. Looped Water Distribution Networks Design Using a Resilience Index Based Heuristic Approach[J]. Urban Water, 2000, 2(2): 115-122.

[41] Reca J, Martinez J, Baños R, et al. Optimal Design of Gravity-Fed Looped Water Distribution Networks Considering the Resilience Index[J]. Journal of Water Resources Planning & Management, 2008, 134(3): 234-238.

[42] Pandit A, Crittenden J C. Index of Network Resilience for Urban Water Distribution Systems[J]. International Journal of Critical Infrastructures, 2016, 12(1/2): 120-142.

[43] Carvalho R, Buzna L, Bono F, et al. Resilience of Natural Gas Networks During Conflicts, Crises and Disruptions[J]. Plos One, 2014, 9(3): e90265.

[44] Cimellaro G P, Villa O, Bruneau M. Resilience-Based Design of Natural Gas Distribution Networks[J]. Journal of Infrastructure Systems, 2015, 21(1): 05014005.

[45] He C, Dai C, Lei W, et al. Robust Network Hardening Strategy for Enhancing Resilience of Integrated Electricity and Natural Gas Distribution Systems Against Natural Disasters[J]. IEEE Transactions on Power Systems, 2018,

33(5): 5787-5798.

[46] Sterbenz J P G, Hutchison D, Cetinkaya E K, et al. Resilience and Survivability in Communication Networks: Strategies, Principles and Survey of Disciplines[J]. Computer Networks, 2010, 54(8): 1245-1265.

[47] Rak J, Pickavet M, Trivedi K S, et al. Future Research Directions in Design of Reliable Communication Systems[J]. Telecommunications Systems, 2015, 60(4): 423-450.

[48] 崔琼，李建华，王宏，等. 基于节点修复的网络化指挥信息系统弹性分析模型[J]. 计算机科学，2018，45(4): 117-121+136.

[49] Autenrieth A, Kirstadter A. Engineering End-to-End IP Resilience Using Resilience-Differentiated QoS[J]. IEEE Communications Magazine, 2002, 40(1): 50-57.

[50] Sterbenz J P G, Cetinkaya E K, Hameed M A, et al. Evaluation of Network Resilience, Survivability and Disruption Tolerance: Analysis, Topology Generation, Simulation and Experimentation[J]. Telecommunication Systems, 2013, 52(2): 705-736.

[51] 刘希龙，季建华. 基于应急供应的弹性供应网络设计研究[J]. 控制与决策，2007，22(11): 1223-1227.

[52] 闫妍，刘晓，庄新田. 基于节点失效的弹性供应链应急管理策略[J]. 控制与决策，2010，25(1): 25-30.

[53] 耿亮，肖人彬. 基于DIIM的供应网络弹性度量[J]. 计算机集成制造系统，2014，20(5): 1211-1219.

[54] Holling C S. Engineering Resilience Versus Ecological Resilience[M]//

Schulze P. Engineering within Ecological Constraints. Washington, DC: National Academy Press, 1996: 31-44.

[55] Pimm S L. The Complexity and Stability of Ecosystems[J]. Nature, 1984, 307(5949): 321-326.

[56] O'neill R V, De Angelis D L, Waide J B, et al. A Hierarchical Concept of Ecosystems[M]. New Jersey: Princeton University Press, 1986.

[57] Tilman D, Downing J A. Biodiversity and Stability in Grasslands[J]. Nature, 1994, 367(6461): 363-365.

[58] AASHTO. Understanding Transportation Resilience: A 2016-2018 Roadmap[R]. Washington DC: American Association of State Highway and Transportation Officials, 2017.

[59] 汪定伟, 叶伟雄. 交通网络弹复度与易碎度的测算与分析[J]. 控制理论与应用, 2010, 27(7): 849-854.

[60] Ip W H, Wang D. Resilience and Friability of Transportation Networks: Evaluation, Analysis and Optimization[J]. IEEE Systems Journal, 2011, 5(2): 189-198.

[61] Zhang X, Miller-Hooks E, Denny K. Assessing the role of network topology in transportation network resilience[J]. Journal of Transport Geography, 2015, 46: 35-45.

[62] Murray-Tuite P M. A Comparison of Transportation Network Resilience under Simulated System Optimum and User Equilibrium Conditions[C]// Proceedings of the 2006 Winter Simulation Conference, 2006, Monterey, California: 1398-1405.

[63] Zhang L, Wen Y, Jin M. The Framework for Calculating the Measure of Resilience for Intermodal Transportation Systems[R]. Starkville, Mississippi: Mississippi State University, 2009.

[64] Cox A, Prager F, Rose A. Transportation Security and The Role of Resilience: A Foundation for Operational Metrics[J]. Transport Policy, 2011, 18(2): 307-317.

[65] Rose A. Defining and Measuring Economic Resilience to Disasters[J]. Disaster Prevention and Management, 2004, volume 13(4): 307-314.

[66] Henry D, Ramirez-Marquez J E. Generic Metrics and Quantitative Approaches for System Resilience as A Function of Time[J]. Reliability Engineering & System Safety, 2012, 99: 114-122.

[67] Baroud H, Ramirez-Marquez J E, Barker K, et al. Stochastic Measures of Network Resilience: Applications to Waterway Commodity Flows[J]. Risk Analysis, 2014, 34(7): 1317–1335.

[68] Pant R, Barker K, Ramirez-Marquez J E, et al. Stochastic Measures of Resilience and Their Application to Container Terminals[J]. Computers & Industrial Engineering, 2014, 70: 183-194.

[69] Janic M. Modelling the Resilience, Friability and Costs of An Air Transport Network Affected by A Large-scale Disruptive Event[J]. Transportation Research Part A: Policy and Practice, 2015, 71: 1-16.

[70] Nogal M, O'connor A, Caulfield B, et al. Resilience of Traffic Networks: from Perturbation to Recovery Via A Dynamic Restricted Equilibrium Model[J]. Reliability Engineering & System Safety, 2016, 156: 84-96.

[71] Adjetey-Bahun K, Birregah B, Chatelet E, et al. A Model to Quantify the Resilience of Mass Railway Transportation Systems[J]. Reliability Engineering & System Safety, 2016, 153: 1-14.

[72] Bruneau M, Chang S E, Eguchi R T, et al. A Framework to Quantitatively Assess and Enhance the Seismic Resilience of Communities[J]. Earthquake Spectra, 2003, 19(4): 733-752.

[73] Faturechi R, Levenberg E, Miller-Hooks E. Evaluating and Optimizing Resilience of Airport Pavement Networks[J]. Computers & Operations Research, 2014, 43: 335-348.

[74] Shafieezadeh A, Burden L I. Scenario-based Resilience Assessment Framework for Critical Infrastructure Systems: Case Study for Seismic Resilience of Seaports[J]. Reliability Engineering & System Safety, 2014, 132: 207-219.

[75] Hosseini S, Barker K. Modeling Infrastructure Resilience Using Bayesian Networks: A Case Study of Inland Waterway Ports[J]. Computers & Industrial Engineering, 2016, 93: 252-266.

[76] Gomes J O, Wood D D, Carvalho P V R, et al. Resilience and Brittleness in the Offshore Helicopter Transportation System: The Identification of Constraints and Sacrifice Decisions in Pilots' Work[J]. Reliability Engineering & System Safety, 2009, 94(2): 311-319.

[77] Praetorius G, Hollnagel E, Dahlman J. Modelling Vessel Traffic Service to Understand Resilience in Everyday Operations[J]. Reliability Engineering & System Safety, 2015, 141: 10-21.

[78] Wang J Y T. 'Resilience Thinking' in Transport Planning[J]. Civil Engineering and Environmental Systems, 2015, 32(1-2): 180-191.

[79] Chen L, Miller-Hooks E. Resilience: An Indicator of Recovery Capability in Intermodal Freight Transport[J]. Transportation Science, 2012, 46(1): 109-123.

[80] Miller-Hooks E, Zhang X, Faturechi R. Measuring and Maximizing Resilience of Freight Transportation Networks[J]. Computers & Operations Research, 2012, 39(7): 1633-1643.

[81] Li Z, Jin C, Hu P, et al. Resilience-Based Transportation Network Recovery Strategy During Emergency Recovery Phase Under Uncertainty[J]. Reliability Engineering & System Safety, 2019, 188: 503-514.

[82] Barker K, Ramirez-Marquez J E, Rocco C M. Resilience-based Network Component Importance Measures[J]. Reliability Engineering & System Safety, 2013, 117: 89-97.

[83] Baroud H, Barker K, Ramirez-Marquez J E, et al. Importance Measures for Inland Waterway Network Resilience[J]. Transportation Research Part E: Logistics and Transportation Review, 2014, 62: 55-67.

[84] 林徐勋, 隽志才, 倪安宁. 城市道路交通系统可靠性研究综述[J]. 计算机应用研究, 2012, 29(8): 2817-2820.

[85] Wakabayashi H, Iida Y. Upper and Lower Bounds of Terminal Reliability of Road Networks: An efficient method with Boolean algebra[J]. Journal of Natural Disaster Science, 1992, 14(1): 29-44.

[86] 许良, 交通运输网络可靠性研究分析[J]. 中国安全科学学报, 2007, 17(1):

135-140.

[87] Bell M G H, Lida Y. Transportation Network Analysis[M]. New York: Wiley, 1997.

[88] 许良，高自友. 基于连通可靠性的城市道路交通离散网络设计问题[J]. 燕山大学学报，2007，31(2): 159-163.

[89] 熊志华，姚智胜，邵春福. 基于路段相关的路网行程时间可靠性[J]. 中国安全科学学报，2004，14(10): 81.

[90] 许良，高自友. 基于出行时间可靠性的城市交通网络设计[J]. 系统仿真学报，2008，20(2): 494-498.

[91] Chen A, Yang H, Lo H K, et al. Capacity Reliability of A road Network: An Assessment Methodology and Numerical results[J]. Transportation Research Part B: Methodological, 2002, 36(3): 225-252.

[92] 刘海旭，蒲云. 基于路段走行时间可靠性的路网容量可靠性[J]. 西南交通大学学报，2004, 39(5): 573-576.

[93] Snelder M, Van Zuylen H J, Immers L H. A Framework for Robustness Analysis of Road Networks for Short Term Variations in Supply[J]. Transportation Research Part A: Policy and Practice, 2012, 46(5): 828-842.

[94] Berdica K. An Introduction to Road Vulnerability: What Has Been Done, Is Done and Should be Done[J]. Transport Policy, 2002, 9(2): 117-127.

[95] Husdal J. Reliability and Vulnerability Versus Cost and Benefits[C]// Proceedings of the 2nd International Symposium on Transport Network Reliability, 2004, Queenstown and Christchurch, New Zealand: 180-186.

[96] Taylor M A P, D'este G M. Transport Network Vulnerability: a Method for

Diagnosis of Critical Locations in Transport Infrastructure Systems[M]// Murray A T, Grubesic T H. Critical Infrastructure: Reliability and Vulnerability. New York: Springer, 2007: 9-30.

[97] Taylor M A P, Susilawati. Remoteness and Accessibility in the Vulnerability Analysis of Regional Road Networks[J]. Transportation Research Part A: Policy and Practice, 2012, 46(5): 761-771.

[98] Fotouhi H, Moryadee S, Miller-Hooks E. Quantifying the Resilience of an Urban Traffic-electric Power Coupled System[J]. Reliability Engineering & System Safety, 2017, 163: 79-94.

[99] 陈志宗, 尤建新. 重大突发事件应急救援设施选址的多目标决策模型[J]. 管理科学, 2006, 19(4): 10-14.

[100] 翁克瑞. 面向快速响应与成本优化的设施选址问题[J]. 运筹与管理, 2012, 21(6): 32-37.

[101] 朱建明. 损毁情景下应急设施选址的多目标决策方法[J]. 系统工程理论与实践, 2015, 35(3): 720-727.

[102] 刘灿齐. 交通网络设计问题的模型与算法的研究[J]. 公路交通科技, 2003, 20(2): 57-62+67.

[103] 李斌, 谢秉磊, 徐键, 等. 基于连通可靠性的自然灾害后应急阶段路网重建研究[J]. 交通信息与安全, 2008, 26(6): 108-112.

[104] Liu C, Fan Y, Ordonez F. A Two-stage Stochastic Programming Model for Transportation Network Protection[J]. Computers & Operations Research, 2009, 36(5): 1582-1590.

[105] 程杰, 刘杰, 唐智慧. 城市道路网络修复策略研究[J]. 中国安全科学学报,

2012, 22(9): 114-120.

[106]花丙威, 魏琳, 王芳, 等. 基于脆弱性的灾后路网修复优化[J]. 公路工程, 2013。38(3): 18-21.

[107]Zhang W, Wang N. Resilience-based Risk Mitigation for Road Networks[J]. Structural Safety, 2016, 62: 57-65.

[108]Zhang X, Mahadevan S, Sankararaman S, et al. Resilience-Based Network Design under Uncertainty[J]. Reliability Engineering & System Safety, 2018, 169: 364-379.

[109]Baxter M, Elgindy T, Ernst A T, et al. Incremental Network Design with Shortest Paths[J]. European Journal of Operational Research, 2014, 238(3): 675-684.

[110]Kalinowski T, Matsypura D, Savelsbergh M W P. Incremental Network Design With Maximum flows[J]. European Journal of Operational Research, 2015, 242(1): 51-62.

[111]Pearce R H, Forbes M. Disaggregated Benders Decomposition and Branch-and-Cut for Solving the Budget-constrained Dynamic Uncapacitated Facility Location and Network Design Problem[J]. European Journal of Operational Research, 2018, 270(1): 78-88.

[112]Kumar A, Mishra S. A Simplified Framework for Sequencing of Transportation Projects Considering User Costs and Benefits[J]. Transportmetrica A: Transport Science, 2018, 14(4): 346-371.

[113]Kim B J, Kim W, Song B H. Sequencing and Scheduling Highway Network Expansion Using a Discrete Network Design Model[J]. The Annals of

Regional Science, 2008, 42(3): 621-642.

[114]Sun Y, Schonfeld P, Guo Q. Optimal Extension of Rail Transit Lines[J]. International Journal of Sustainable Transportation, 2018, 12(10): 753-769.

[115]Hosseininasab S-M, Shetab-Boushehri S-N. Integration of Selecting and Scheduling Urban Road Construction Projects As a Time-dependent Discrete Network Design Problem[J]. European Journal of Operational Research, 2015, 246(3): 762-771.

[116]Hosseininasab S-M, Shetab-Boushehri S-N, Hejazi S R, et al. A Multi-objective Integrated Model for Selecting, Scheduling and Budgeting Road Construction Projects[J]. European Journal of Operational Research, 2018, 271(1): 262-277.

[117]Fotuhi F, Huynh N. Reliable Intermodal Freight Network Expansion with Demand Uncertainties and Network Disruptions[J]. Networks and Spatial Economics, 2017, 17(2): 405-433.

[118]孙强，王庆云，高咏玲. 不确定需求条件下多阶段区域综合交通网络设计的双层规划模型[J]. 交通运输系统工程与信息，2011，11(6): 111-116.

[119]卞长志，蔚欣欣，陆化普. 随机需求多阶段离散交通网络设计[J]. 北京工业大学学报，2012，38(4): 558-563.

[120]Lo H K, Szeto W Y. Time-dependent Transport Network Design Under Cost-recovery[J]. Transportation Research Part B: Methodological, 2009, 43(1): 142-158.

[121]Gelareh S, Monemi R N, Nickel S. Multi-period Hub Location Problems in Transportation[J]. Transportation Research Part E: Logistics and

Transportation Review, 2015, 75: 67-94.

[122] Jiang Y, Szeto W Y. Time-dependent Transportation Network Design that Considers Health Cost[J]. Transportmetrica A: Transport Science 2015, 11(1): 74-101.

[123] 陈艳艳, 王东炜, 王光远. 生命线网络震后应急修复分步优化策略[J]. 工程抗震, 1998(2): 30-32.

[124] 谢秉磊, 穆威, 李斌. 灾后恢复阶段多期道路交通网络重建规划[J]. 交通信息与安全, 2008, 27(3): 101-104.

[125] Kiyota M, Vandebona U, Tanoue H. Multistage Optimization of Reconstruction Sequence of Highways[J]. Journal of Transportation Engineering, 1999, 125(5): 456-462.

[126] Matisziw T C, Murray A T, Grubesic T H. Strategic Network Restoration[J]. Networks and Spatial Economics, 2010, 10(3): 345-361.

[127] Ye Q, Ukkusuri S V. Resilience as an Objective in the Optimal Reconstruction Sequence for Transportation Networks[J]. Journal of Transportation Safety & Security, 2015, 7(1): 91-105.

[128] 卢志刚, 刘照拯, 张晶, 等. 含分布式电源的配电网灾后分阶段抢修策略[J]. 电工电能新技术, 2015, 34(1): 69-74.

[129] 王伟. 铁路网抗毁性分析与研究[D]. 北京: 北京交通大学, 2011.

[130] 姬利娟. 恐怖袭击下危险品运输网络修复研究[D]. 成都: 西南交通大学, 2014.

[131] 周振宇. 路网级联失效预防及修复策略研究[D]. 长沙: 长沙理工大学, 2015.

[132]Nurre S G, Cavdaroglu B, Mitchell J E, et al. Restoring Infrastructure Systems: An Integrated Network Design and Scheduling (INDS) Problem[J]. European Journal of Operational Research, 2012, 223(3): 794-806.

[133]Arimura M, Sugimoto H, Tamura T. Application of Genetic Algorithms Model for Road Investment of Restoration Planning[C]// Proceedings of the First China-Japan-Korea Joint Symposium on Optimization of Structural and Mechanical Systems, 1999, 西安.

[134]Furuta H, Ishibashi K, Nakatsu K, et al. Optimal Restoration Scheduling of Damaged Networks Under Uncertain Environment by Using Improved Genetic Algorithm[J]. Tsinghua Science and Technology, 2008, 13(S1): 400-405.

[135]Cicekci O C, Muhammad N, Wijerathne M L L, et al. Rate of Benefit Gain-Based Greedy Algorithms for Finding Near-Optimal Repair Schedules for Recovery of Lifeline Networks[J]. Journal of Earthquake & Tsunami, 2016, 10(3): 1640012.

[136]Lertworawanich P. Highway Network Restoration After the Great Flood in Thailand[J]. Natural Hazards, 2012, 64(1): 873-886.

[137]Bocchini P, Frangopol D. Restoration of Bridge Networks after an Earthquake: Multicriteria Intervention Optimization[J]. Earthquake Spectra, 2012, 28(2): 427-455.

[138]Zhang W, Wang N, Nicholson C. Resilience-based Post-disaster Recovery Strategies for Road-bridge Networks[J]. Structure and Infrastructure Engineering, 2017, 13(11): 1404-1413.

[139] Vugrin E D, Turnquist M A, Brown N J K. Optimal Recovery Sequencing for Enhanced Resilience and Service Restoration in Transportation Networks[J]. International Journal of Critical Infrastructures, 2014, 10(3-4): 218-246.

[140] Hackl J, Adey B T, Lethanh N. Determination of Near-Optimal Restoration Programs for Transportation Networks Following Natural Hazard Events Using Simulated Annealing[J]. Computer‐aided Civil and Infrastructure Engineering, 2018, 33(8): 618-637.

[141] Chen Y-W, Tzeng G-H. A Fuzzy Multi-objective Model for Reconstructing the Post-quake Road-network by Genetic Algorithm[J]. International Journal of Fuzzy Systems, 1999, 1(2): 85-95.

[142] Feng C-M, Wang T-C. Highway Emergency Rehabilitation Scheduling in Post-earthquake 72 hours[J]. Journal of the Eastern Asia Society for Transportation Studies, 2003, 5: 3276-3285.

[143] 王福圣. 不精确资讯下震灾路网抢修排程与民众对抢修时间可忍受度之研究[D]. 台北：国立交通大学，2008.

[144] Tang C-H, Yan S, Chang C-W. Short-term Work Team Scheduling Models for Effective Road Repair and Management[J]. Transportation Planning and Technology, 2009, 32(3): 289-311.

[145] 霍建顺，薛梅，李爱庆. 具有模糊抢修时间的震后道路抢修排程研究[J]. 统计与决策，2010(4): 41-43.

[146] Yan S, Shih Y-L. An ant colony system-based hybrid algorithm for an emergency roadway repair time-space network flow problem[J]. Transportmetrica, 2012, 8(5): 361-386.

[147] 李双琳, 郑斌. 动态交通流下震后路网抢修排程仿真研究[J]. 系统仿真学报, 2018, 30(9): 3386-3398.

[148] Yan S, Shih Y-L. Optimal scheduling of emergency roadway repair and subsequent relief distribution[J]. Computers & Operations Research, 2009, 36(6): 2049-2065.

[149] 陈钢铁, 帅斌. 震后道路抢修和应急物资配送优化调度研究[J]. 中国安全科学学报, 2012, 22(9): 166-171.

[150] 李双琳, 郑斌. 震后路网抢修排程与应急物资配送集成动态优化研究[J]. 管理评论, 2019, 31(2): 238-251.

[151] Ozdamar L, Aksu D T, Ergunes B. Coordinating Debris Cleanup Operations in Post Disaster Road Networks[J]. Socio-Economic Planning Sciences, 2014, 48(4): 249-262.

[152] Aksu D T, Ozdamar L. A Mathematical Model for Post-disaster Road Restoration: Enabling Accessibility and Evacuation[J]. Transportation Research Part E: Logistics and Transportation Review, 2014, 61: 56-67.

[153] Almoghathawi Y, Barker K, Albert L A. Resilience-driven Restoration Model for Interdependent Infrastructure Networks[J]. Reliability Engineering & System Safety, 2019, 185: 12-23.

[154] Nurre S G, Sharkey T C. Integrated Network Design and Scheduling Problems with Parallel Identical Machines: Complexity Results and Dispatching Rules[J]. Networks, 2014, 63(4): 306-326.

[155] Sun H, Sharkey T C. Approximation Guarantees of Algorithms for Fractional Optimization Problems Arising in Dispatching Rules for INDS Problems[J].

Journal of Global Optimization, 2017, 68(3): 623-640.

[156] Nurre S G, Sharkey T C. Online Scheduling Problems with Flexible Release Dates: Applications to Infrastructure Restoration[J]. Computers & Operations Research, 2018, 92: 1-16.

[157] Alvarez-Miranda E, Pereira J. Designing and Constructing Networks under Uncertainty in the Construction Stage: Definition and Exact Algorithmic Approach[J]. Computers & Operations Research, 2017, 81: 178-191.

[158] 赵彤, 高自友. 城市交通网络设计问题中的双层规划模型[J]. 土木工程学报, 2003, 36(1): 6-10.

[159] 高自友, 张好智, 孙会君. 城市交通网络设计问题中双层规划模型、方法及应用[J]. 交通运输系统工程与信息, 2004, 4(1): 35-44.

[160] 胡长英. 双层规划理论及其在管理中的应用[M]. 北京: 知识产权出版社, 2012.

[161] Sheffi Y. Urban transportation networks: Equilibrium Analysis with Mathematical Programming Methods[M]. Englewood Cliffs, New Jersey: Prentice-Hall, 1985.

[162] 黄海军. 城市交通网络平衡分析——理论与实践[M]. 北京: 人民交通出版社, 1994.

[163] Ben-Ayed O, Boyce D E, Blair C E. A General Bilevel Linear Programming Formulation of the Network Design Problem[J]. Transportation Research Part B: Methodological, 1988, 22(4): 311-318.

[164] Luo Z-Q, Pang J-S, Ralph D. Mathematical Programs with Equilibrium Constraints[M]. Cambridge: Cambridge University Press, 1996.

[165]Wardrop J G. Some Theoretical Aspects of Road Traffic Research[C]// Proceedings of the Institution of Civil Engineers, 1952: 325-378.

[166]Beckmann M, Mcguire C B, Winsten C B. Studies in the Economics of Transportation[M]. New Haven: Yale University Press, 1956.

[167]Oppenheim N. Equilibrium Trip Distribution/Assignment With Variable Destination Costs[J]. Transportation Research Part B: Methodological, 1993, 27(3): 207-217.

[168]Ho H W, Wong S C, Loo B P Y. Combined Distribution and Assignment Model for a Continuum Traffic Equilibrium Problem with Multiple User Classes[J]. Transportation Research Part B: Methodological, 2006, 40(8): 633-650.

[169] Yao J, Chen A, Ryu S, et al. A General Unconstrained Optimization Formulation for the Combined Distribution and Assignment Problem[J]. Transportation Research Part B: Methodological, 2014, 59: 137-160.

[170]Yang H, Bell M G H, Meng Q. Modeling the Capacity and Level of Service of Urban Transportation Networks[J]. Transportation Research Part B: Methodological, 2000, 34(4): 255-275.

[171]Yue G, Gu Y, Deng W. Evaluating China's National Post-disaster Plans: The 2008 Wenchuan Earthquake's Recovery and Reconstruction Planning[J]. International Journal of Disaster Risk Science, 2010, 1(2): 17-27.

[172]Cheng T C E, Sin C C S. A State-of-the-art Review of Parallel-Machine Scheduling Research[J]. European Journal of Operational Research, 1990, 47(3): 271-292.

[173]尹文君，刘民，吴澄. 带工艺约束并行机调度问题的一种新的遗传算法[J]. 电子学报，2001，29(11): 1482-1485.

[174]Faturechi R, Miller-Hooks E. Travel Time Resilience of Roadway Networks Under Disaster[J]. Transportation Research Part B: Methodological, 2014, 70: 47-64.

[175]刘宝碇，赵瑞清. 随机规划与模糊规划[M]. 北京：清华大学出版社，1998.

[176]Efron B. Bootstrap Methods: Another Look at the Jackknife[J]. Annals of Statistics, 1979, 7(1): 1-26.

[177]朱吉双，张宁. 可变需求结构下城市路网的通行能力与服务水平模型[J]. 系统工程理论与实践，2008，28(6): 170-176.

[178]Chen A, Kasikitwiwat P. Modeling Capacity Flexibility of Transportation Networks[J]. Transportation Research Part A: Policy and Practice, 2011, 45(2): 105-117.

[179]Braess D, Nagurney A, Wakolbinger T. On a Paradox of Traffic Planning[J]. Transportation Science, 2005, 39(4): 446-450.

读者调查表

尊敬的读者：

　　自电子工业出版社工业技术分社开展读者调查活动以来，收到来自全国各地众多读者的积极反馈，他们除了褒奖我们所出版图书的优点外，也很客观地指出需要改进的地方。读者对我们工作的支持与关爱，将促进我们为您提供更优秀的图书。您可以填写下表寄给我们（北京市丰台区金家村288#华信大厦电子工业出版社工业技术分社　邮编：100036），也可以给我们电话，反馈您的建议。我们将从中评出热心读者若干名，赠送我们出版的图书。谢谢您对我们工作的支持！

姓名：_____　　性别：□男　□女　　年龄：_____　　职业：_____
电话（手机）：_____　　　　　　E-mail：_____
传真：_____　　通信地址：_____　　邮编：_____

1. 影响您购买同类图书因素（可多选）：
□封面封底　　□价格　　□内容提要、前言和目录　　□书评广告　　□出版社名声
□作者名声　　□正文内容　　□其他_____

2. 您对本图书的满意度：
从技术角度　　　　　　　□很满意　　□比较满意　　□一般　　□较不满意　　□不满意
从文字角度　　　　　　　□很满意　　□比较满意　　□一般　　□较不满意　　□不满意
从排版、封面设计角度　　□很满意　　□比较满意　　□一般　　□较不满意　　□不满意

3. 您选购了我们哪些图书？主要用途？

4. 您最喜欢我们出版的哪本图书？请说明理由。

5. 目前教学您使用的是哪本教材？（请说明书名、作者、出版年、定价、出版社），有何优缺点？

6. 您的相关专业领域中所涉及的新专业、新技术包括：

7. 您感兴趣或希望增加的图书选题有：

8. 您所教课程主要参考书？请说明书名、作者、出版年、定价、出版社。

邮寄地址：北京市丰台区金家村288#华信大厦电子工业出版社工业技术分社
邮编：100036　　电话：18614084788　　E-mail：lzhmails@phei.com.cn
微信ID：lzhairs/ 18614084788　　联系人：刘志红